Jean Heinrich Heiderich

Das Leipziger Kürschnergewerbe

Jean Heinrich Heiderich

Das Leipziger Kürschnergewerbe

ISBN/EAN: 9783743351424

Hergestellt in Europa, USA, Kanada, Australien, Japan

Cover: Foto ©ninafisch / pixelio.de

Jean Heinrich Heiderich

Das Leipziger Kürschnergewerbe

Das

Leipziger Kürschnergewerbe.

Inaugural-Dissertation

zur

Erlangung der Doktorwürde

der

hohen philosophischen Fakultät

der

Ruprecht-Karls-Universität zu Heidelberg

vorgelegt von

Jean Heinrich Heiderich

aus

Wölfershausen (Hessen-Nassau).

Heidelberg.

Buchdruckerei von Adolph Emmerling & Sohn.

1897.

Seinen lieben Eltern

aus Dankbarkeit

gewidmet

vom Verfasser.

Inhalts-Verzeichnis.

Vorwort.

Vorliegende Arbeit verdankt ihre Entstehung der Anregung des Herrn Professor Bücher, und ist im allgemeinen nach seinem für die Schriften des Vereins für Sozialpolitik ausgearbeiteten Entwurf ausgeführt. Leider boten die der Zusammenstellung des Materials dienenden Ermittelungen vielfache Schwierigkeiten, so daß die Untersuchung nicht so erschöpfend ausgefallen ist, wie es wohl wünschenswert gewesen wäre. Doch hofft der Verfasser, daß dieselbe als Ergänzung zu den gewerblichen Untersuchungen des Vereins für Sozialpolitik Interesse erwecken und eventuell einige Anregung bieten wird. Zum Schlusse ist es dem Verfasser eine angenehme Pflicht, Herrn Professor Bücher für die von ihm ausgehende, ausserordentlich tiefeingreifende, wissenschaftliche Anregung, sowie Herrn Direktor Dr. Wustmann für die liebenswürdige Erlaubnis zur Benutzung des im Leipziger Archiv enthaltenen Materials, Herrn Privatdozent Dr. Geffken für die Unterstützung beim Lesen schwieriger Akten und den Herren: Obermeister Pfeiffer, Kürschnermeister Nauck, Fabrikant Kniesche, Kaufmann Wolfermann und Kommissionär Arthur Hermsdorf, für die Unterstützung beim Sammeln des Materials, seinen herzlichsten Dank auf diesem Wege zu übermitteln.

Konstanz, den 3. November 1896.

Der Verfasser.

Berichtigungen.

S. 11 Zeile 19 von oben: protonotario statt pronotario.
S. 32 Zeile 5 von oben: Schuhmacher statt Schumacher.
S. 32 Zeile 10 von unten: Scherereien statt Scheerereien.
S. 32 Zeile 19 von unten: Manufakturbetrieb statt Manufakturbetrieb.
S. 48 Zeile 5 von unten: sociale Auslese statt natürliche Auslese.

I. Geschichtliches.

a. Einleitung.

Die Kürschnerei nimmt in Leipzig im Vergleich zu anderen deutschen Städten eine glänzende Ausnahmestellung ein. Ihr Aufblühen ging Hand in Hand mit der Entwickelung der Stadt in kommerzieller und industrieller Beziehung überhaupt, sowie besonders mit der fortschreitenden Monopolisierung des amerikanischen und russischen Rauchwaren-Zwischenhandels durch Leipziger Kaufleute. Die geographische Lage, der Fleiß und die Intelligenz seiner Bewohner vereinigten sich, um Leipzig schon in früher Zeit zum größten Handelscentrum Mitteldeutschlands zu erheben. Hierzu kommt das jetzt vierhundertjährige Bestehen der Messe, welche für Leipzig eine gewaltige handels- und gewerbegeschichtliche Bedeutung gewonnen hat und sich besonders in Bezug auf das Kürschnergewerbe von weitgehendstem Einfluß zeigte. Sie bildete die eigentliche Grundlage des in höchster Blüte stehenden Leipziger Rauchwarenhandels, welch' letzterer wieder den Aufschwung des Kürschner-Gewerbes sowie der Rauchwaren-Industrie zu einer in Deutschland einzig dastehenden Höhe herbeiführte.

Ebenso wie das Kürschnerhandwerk in Leipzig im Vergleich zu dem anderer Städte eine Ausnahmestellung einnimmt, so nimmt auch das Kürschnerhandwerk im Vergleich zu anderen Handwerken eine Ausnahmestellung ein. Hatte sich z. B. der erste Teil des Produktionsstadiums, die erste Zurichtung des Rohstoffs von anderen Handwerken, z. B. von der Schusterei und Schneiderei schon früh abgezweigt, sodaß der Schuhmacher das gegerbte Leder, der Schneider den Stoff kaufte und verarbeitete, so war dies bei der Kürschnerei nicht der Fall. Der Kürschner kaufte den Rohstoff, richtete ihn selbst zu und verarbeitete ihn. Wohl waren vereinzelte Ansätze zur Trennung vorhanden, doch ist es zu einer vollständigen scharfen Lostrennung bis zum Ende des 18. Jahrhunderts nicht gekommen. Ein weiteres Moment war die eigentliche Arbeitsthätigkeit des Kürschners. Er erhielt den vom Schneider angefertigten Mantel und fütterte ihn mit Pelzwerk, oder er erhielt die fertige tuchene Mütze vom Barettkramer und verbrämte sie. Während also der Schneider und Schuster ausschließlich für den Konsumenten arbeiteten, sah sich der Kürschner genötigt, auch für Wiederverkäufer, Barettkramer, bald auch für Rauchwarenhändler und vermögendere Handwerksgenossen, welche neben der Kürschnerei den Handel mit Rauchwaren betrieben, zu arbeiten. Er arbeitete also für den Konsumenten einerseits, für Händler andererseits. In diesen Umständen ist der Grund der Handelsthätigkeit der Kürschner zu suchen. Derjenige Kürschner, welcher über größere Mittel verfügte, kaufte größere Mengen von Rohstoffen ein, um sie, wenn möglich, an weniger Bemittelte zu verkaufen. Gelang ihm dies nicht, so arbeitete er auf Vorrat, so daß die reine, nur auf Bestellung beruhende, Kundenproduktion in der Kürschnerei von vornherein in vielen Betrieben wegfällt.

Begünstigt wurde dieses Arbeiten auf Vorrat, außer der schon erwähnten Möglichkeit größeren Absatzes an Wiederverkäufer wie Barettkramer etc., noch außerordentlich durch den ausgeprägten Charakter des Kürschnergewerbes als Saisongewerbe und durch die einen größeren Absatz ermöglichende Messe. Was sollte aber der Kürschner auf Vorrat arbeiten? Ganzfabrikate, fertige Pelze etc. konnte er nicht herstellen. Er sah sich also genötigt, Halbfabrikate herzustellen, d. h. er richtete zu und machte Tafeln, d. h. die zugerichteten Felle wurden in kleinere zur sofortigen Verwendung taugliche Stücke zerschnitten und verarbeitet. Hatte der Meister andere Aufträge zu erledigen, so ließ er diesen Teil des Produktionsstadiums von Gesellen herrichten. Den Gesellen war also das Zurichten sowohl für ihre eigenen Meister wie auch für fremde Meister, welche ihre Arbeit nicht bewältigen konnten und sich deshalb um Aushülfe an andere Kürschner wandten, gestattet. Hier ist der Grund für die Ansätze zur Arbeitsteilung zu suchen. Es entstand der Stuckwerker und der Taffelmeister. Der Stuckwerker richtete in der Hauptsache nur zu, der Taffelmeister machte nur Tafeln. Der Stuckwerker entwickelte sich im Laufe der Zeit zum heutigen Zurichter, der Taffelmeister zum Sackreißer, resp. Sortierer.

Wir haben also auf der einen Seite den Handel, auf der anderen die dem armen Meister drohende Abhängigkeit, sowohl von glücklicheren Gliedern des eigenen Handwerks, wie auch von Rauchwarenhändlern und Barettkramern, als gefahrdrohendes zersetzendes Moment. Es trat also in den Konkurrenzverhältnissen neben den Schneidern hauptsächlich das kaufmännische Element hervor, dieser gefährliche Feind des alten Handwerks und der Vorbote einer neuen Zeit, da erst er durch die Organisation des Absatzes die Grundlage zu größeren Betrieben legte. Und zwar sowohl im Gewerbe selbst, vertreten durch vermögendere Kürschner, welche durch ihre größeren Mittel veranlaßt den Handel in immer größerem Maßstabe betrieben, wie außerhalb des Gewerbes durch Rauchwarenhändler und Barettkramer. Zwar war außerhalb der Messen der Handel durch die Innungsordnungen verboten, doch zeigen die Kürschnerakten, daß er von den vermögenden Kürschnern in nicht unbeträchtlichem Maße betrieben wurde, und alle Klagen und Beschwerden der armen Meister erwiesen sich als nutzlos. So waren schon die Anfänge der großen und mittleren zum Nachteil der kleinen Kürschnereien vorhanden. Immer weiter schritt die Entwickelung vorwärts. Sie wurde beschleunigt durch die Vervollkommnung der Verkehrsverhältnisse und die durch dieselbe bedingte immer bessere Regelung des Absatzes, bis in unserem Jahrhundert alle Bedingungen zum modernen Großbetrieb vorhanden sind. Zurichterei und Färberei traten aus dem Rahmen der eigentlichen Kürschnerei heraus und bildeten eigene im großen Style betriebene Erwerbszweige. Der vermögendere Kürschner ging, soweit er nicht den Rauchwarenhandel ausschließlich betrieb, zum Manufakturbetrieb über und entwickelte sich zum Groß- oder zum mittleren Groß-Kürschner, während der kleine, sofern er nicht als selbständiger Gewerbetreibender ein in Leipzig immer noch annehmbares Dasein führt, als Heimarbeiter in die Arme des Grossbetriebes sowie als Heim- oder Fabrikarbeiter in die der Zurichtereien und Färbereien getrieben wurde.

b. Entstehung der Innung. Verfassung.

Das Leipziger Kürschnergewerbe ist sehr alt. Die erste Nachricht von seinem Bestehen erhalten wir in einer deutschen Urkunde von 1384, in welcher ein Johann pellifex als Ratsherr genannt wird. Vom 11. Januar 1419 finden wir einen Vergleich des Rates mit dem Schuhmacher-Handwerk wegen des am Markte gelegenen Schuhhauses. Mit Beginn des fünfzehnten Jahrhunderts treten die Innungsordnungen hervor. Mit ziemlicher Sicherheit läßt sich das Jahr 1423 als Gründungsjahr der Leipziger Kürschnerinnung erkennen. Zwar wird erst durch eine Verordnung vom Jahre 1499 die Gründung direkt bezeugt, doch beweist das entschiedene und selbstbewußte Hervortreten der Gesellschaft, daß sie schon früher bestand. Erhalten ist uns die Nachricht, daß 1464 die Gesellen des Kürschnerhandwerks vom Rate die Erlaubnis erhielten, zu einer Vereinigung zusammenzutreten. Es weist dies auf einen schon stark entwickelten Betrieb desselben hin. Leider sind die Artikel selbst gleich denen der meisten Leipziger Gesellenverbände des fünfzehnten Jahrhunderts verloren gegangen. Das Jahr, in welchem die Kürschner ihren ersten Innungsbrief erhielten, wird zwar nicht ausdrücklich genannt, doch läßt es sich durch ein Transsumpt, welches der neuen Ordnung von 1499 aus einem älteren Innungsbrief von 1459 beziehungsweise 1423 einverleibt worden ist, feststellen, denn dies ist das Datum der ersten Innungsordnung. Während die Zunftordnungen anderer Städte vielfach solche Bruchstücke früherer Statuten gerettet haben, besitzen wir für Leipzig nur noch ein zweites Beispiel in den alten Weißgerberartikeln vom Jahre 1459, welchen gleichfalls — ein seltsames Zusammentreffen — ein Transsumpt aus dem Jahre 1423 vorangeht. Erst hierdurch ist es möglich als Stiftungsjahr der Kürschnerinnung das Jahr 1423 zu erweisen. [1])

Die Kürschner hatten kein geschenktes Handwerk, d. h. die Meister waren nicht verpflichtet, den Gesellen, welchen sie keine Arbeit geben konnten, Nachtlager, Kost und einen Zehrpfennig zu verabreichen.

Der Kürschnermeister beschäftigte, wie aus den Innungsordnungen vom Jahre 1499, 1598, 1647 und 1692 hervorgeht, Gesellen und Lehrlinge. Die Lehrzeit betrug mindestens drei Jahre, die Wanderzeit fünf Jahre, die Arbeitszeit bei einem Leipziger Meister zwei Jahre. Als Aufnahmegebühr wie als Lossprechungsgebühr hatte der Lehrling einen Thaler zu entrichten. Er war verpflichtet, mindestens vier Wochen bei demselben Meister auszuhalten. Mehr als einen Lehrling durfte kein Meister auf einmal annehmen. Einen zweiten zu dingen war erst dann gestattet, wenn der erste halb ausgelernt hatte.

Um das übergroße Anwachsen einzelner Betriebe zu verhindern und den Geschäftsumsatz möglichst gleichmäßig zu gestalten, durfte im Jahre 1499 kein Meister über vier Gesellen und zwei Lehrlinge halten. Diese Zahl weist auf einen umfangreichen Betrieb der damaligen Kürschnereien hin, da die Meister anderer Gewerbe nur einen oder zwei Gesellen beschäftigen durften. Doch wurde auch in unserem Gewerbe im Jahre 1598 die Zahl der beschäftigten Personen auf drei Gesellen um Lohn und einen Lehrling beschränkt. Aber auch diese Zahl läßt die günstige Lage des zünftigen Gewerbes deutlich hervortreten. Zwei Lehrjungen zu halten war zwar gestattet, doch durfte derjenige, welcher von dieser Erlaubnis Gebrauch machte, nur zwei Gesellen um Lohn halten.

Der Betrieb des Handwerks war in der ganzen Zunftzeit an die Erwerbung des Meisterrechts geknüpft. Um zum Meisterstück zugelassen zu werden, mußte jeder Geselle die Absolvierung der vorgeschriebenen Lehr-, Wander- und Muthzeit nachgewiesen haben. Weitere Vorbedingung war die Erwerbung des Bürgerrechts. Meistersöhne und Schwiegersöhne genossen die üblichen Begünstigungen.

[1]) Akten der Leipziger Kürschnerinnung. (Schulprogramm des Nikolai Gymnasium 1886.)

Außer den nicht unbedeutenden Kosten zur Erwerbung des Meisterrechts mußte nach Erlangung desselben jeder eine eigene Werkstatt einrichten und war es streng verboten, seinen Gesellen neben eines anderen Meisters Gesellen zu setzen oder in einem Haus mit einem anderen Meister zu wohnen.

c. Das zünftige Produktionsgebiet.

Die Thätigkeit des Kürschners charakterisiert Bergius in seinem Neuen Polizey- und Kameral-Magazin vom Jahre 1777 folgendermaßen: „Wenn man einige wenige ausnimmt, so kommen alle Bälge und Felle, deren man sich zum Pelzwerk bedient, von vierfüßigen wilden [1]) Thieren her, von welchen einige in unserem Teutschlande selbst, andere aber und zwar die kostbarsten in denen nordischen Ländern gefangen werden. Derjenige Professionist, welcher solche Bälge und Felle zum Gebrauch der Menschen zurecht macht und damit handelt, ist der Kürschner.“

Der Kürschner machte also Pelze, Pelzfutter, Pelzmützen, Kurschen, Schauben u. s. w., d. h. er richtete die Felle zu und verarbeitete sie. Er stellte also die Waren, d. h. die in sein Arbeitsgebiet fallenden Teile eines fertigzustellenden Gegenstandes, z. B. eines Leibpelzes, noch in allen ihren Teilen selbst her. Bei der Anfertigung von Pelzen machte der Schneider den Stoff fertig bis zur Fütterung, dann erhielt ihn der Kürschner, um das Pelzfutter oder den Pelzbesatz einzunähen. Tuchmützen machte der Barettkramer, das Gebräme oder Futter daran der Kürschner. Selbstverständlich suchten sowohl Schneider wie Barettkramer Teile des Produktionsgebietes der Kürschner an sich zu reißen und es entstanden infolgedessen zahllose Streitigkeiten, welche sich vom 15. bis zum 19. Jahrhundert in ewigen Wiederholungen hinzogen.

Der Kürschner war also Handwerker und Lohnwerker und arbeitete für Konsumenten und Händler, Barettkramer, zu welchen später in immer größerem Umfange die Rauchwarenhändler und die größeren Kürschner selbst hinzutraten. Er arbeitete in seiner eigenen Werkstatt und es wurde streng darauf gesehen, daß keiner außerhalb derselben im Hause des Kunden arbeiten ließ. Für die ihm anvertrauten Waren aufs Beste zu sorgen war er verpflichtet. Kein Meister durfte einem Krämer, Huter oder Schneider Fellwerk oder Rauchwaren zum Wiederverkauf verkaufen, gerben, liedern oder färben, während es ihm unverwehrt war, jedem anderen Bürger zu dessen und der Seinigen Gebrauch alles, was er wünschte, zu verabfolgen. Er durfte also keinem Barettkramer oder Schneider Halbfabrikate z. B. Pelzfutter für Mützen etc. verkaufen, sondern er mußte die betreffende Fütterung selbst in seiner Werkstatt vor-

[1]) „und zahmen“ (Anm. des Verfassers).

nehmen. Selbstverständlich wurde diese Bestimmung vielfach umgangen, da der verstärkte Absatz zur Zeit der Messe, sowie die lange tote Zeit im Sommer Arbeiten auf Vorrat hervorrief, welche, falls sie in dieser Zeit nicht völlig abgesetzt wurden, später an Barettkramer und andere Händler verkauft wurden. Es ist leicht zu ersehen, daß sich hieraus nach Fallen der Zunftschranken mit Notwendigkeit der Manufakturbetrieb entwickeln mußte. Haben doch selbst die strengsten Verbote in der Zunftzeit selbst diesen Entwickelungsgang nicht aufzuhalten vermocht. Andererseits sind alle Gewerbe, welche mit Rauchwerk zu thun haben, gezwungen, letzteres von Leipziger Kürschnern zu kaufen und von denselben zurichten zu lassen. Auswärts gekaufte Waren durften sie weder selbst verarbeiten noch durch Störer oder Gesinde verarbeiten lassen. Kein Barettkramer durfte Gebrehme oder Rauchwerk, welchen Namen es auch haben mochte, weder für die Seinigen noch für sich selbst, noch für irgend jemand anders kaufen, verkaufen, verhandeln oder verfüttern und so er zu verbrehmen oder zu verfüttern hatte, sollte er es von einem hiesigen Kürschner anfertigen lassen. Es durfte kein Kürschner einem Barettkramer ein Stück machen, ohne sich vorher genau überzeugt zu haben, von welchem Meister die Ware gekauft war. Sogar seine Anwesenheit beim Einkaufe wurde gewünscht. War er bei demselben nicht zugegen gewesen, so hatte er jedes Stück, welches er für den Kramer herstellte, dem Obermeister anzumelden. Im Jahre 1726 erwarben die Barettkramer durch Zahlung von 100 Meißnischen Gulden an das Kürschnergewerbe nach zirka hundertjährigem Prozessieren das Recht des bloßen Anstichs derer rauchen Gebräme an allerlei Geschlechts Wintermützen und zwar nebst den Kürschnern kumulative [1]). Sie kauften also jetzt die Verbrämung vom Kürschner und nähten sie selbst an. Eine Maßregel, welche den Handel der Kürschner mit Futterartikeln etc. naturgemäß verstärken mußte. Andererseits lag hier die Gefahr nahe, daß der ärmere Meister in die Klientel des Händlers, man kann wohl sagen des Verlegers, geriet. Eine Gefahr, welche sich später verwirklicht findet.

Streitigkeiten mit Barettkramern und Schneidern waren an der Tagesordnung und konnten selbst durch die schärfste Abgrenzung des Produktionsgebietes nicht vermieden werden. Die Schneider suchten die Anfertigung von Pelzbesätzen an sich zu reißen und den Kürschnern in ähnlicher Weise Konkurrenz zu machen wie heute die Konfektionäre.

So findet sich im Ratsbuch Bd. 3 fol. 78 aus dem Jahre 1503, daß Schneid keyn seidengewandt noch wiltwerk auch kein kleidt das do

[1]) Akta die Strumpfstricker (auch Hosenstricker, Hantzschenstricker, Wüllenhemdenstricker, Barettmacher genannt) betr. 1629–1778 Tit. 64, 129 Ratsarchiv zu Leipzig.

neue gebreme oder neue Zuputz bedarff futter noch kein tschmaßen novo futter formehr unterfuttern sollen, sondern alt unter aldt und alt unter neugewant oder oberzeug und unter alt oberzeug mögen sie futtern und nichts weiter. Die Schneider durften also in dieser Zeit noch Pelzreparaturen vornehmen. Eine weitere Notiz im Ratsbuch Nr. 4 fol. 48 a aus dem Jahre 1513 zeigt, daß die Schneider das Gebot, nur Flickwerk zu machen, übertreten hatten und es wurde ihnen, im Falle dies wieder vorkommen sollte, auch mit Entziehung dieser Arbeit gedroht. Diese Drohung wurde später ausgeführt, denn im Jahre 1598 durften die Schneider nach den Innungsartikeln keine Pelzreparaturen mehr machen. Ferner findet sich in demselben Ratsbuch fol. 170 b. aus dem Jahre 1516, daß dem Hans von Leißnig die ihm von den Meistern des Kürschnerhandwerks konfiszierten Kinderröcke und zehn weiße tschmaßen diesmal noch zurückgegeben werden sollen, daß sich aber gedachter Hans von Leißnig hinfür den leuten umb gelt zu futtern enthalten soll. Leider ist nicht ersichtlich, zu welchem Handwerk besagter Hans von Leißnig gehört, doch dürfte er höchstwahrscheinlich ein Schneider gewesen sein. Im Jahre 1781 fand ein großer Prozeß statt zwischen dem Kürschnerhandwerk und Johann Ehrhardt Schuster, Bürger und Schneider zu Leipzig, wegen einer mit Pelz gefütterten und aufgeschlagenen Pikesche [1]).

Als besonders lästig wurde die Konkurrenz durch Störerei empfunden. In allen Verordnungen stößt man auf strenge Strafandrohungen gegen die Ausübung derselben. So wurde in den Innungsartikeln vom Jahre 1647 sowohl fremden wie einheimischen Meistern verboten, aufgefütterte römische Schmaschen zu feilem Kauf zu bringen, weil dadurch den Schneidern und Störern Anlaß gegeben, wieder Störerei zu treiben, welches dem Handwerk zum großen Schimpf gereichet [2]). Auch in der Umgebung Leipzigs, in den Vorstädten etc., wurde dem Handwerk Abbruch gethan durch verdorbene und verlaufene Handwerker und Störer, welche gestohlene Kleider an sich brachten, Überzüge und Futter zerschnitten, Donische Mützen und andere Sachen daraus machten, sie fütterten und durch Trödelweiber vertreiben ließen [3]). Sehr anschaulich tritt die Konkurrenz der Störer und Pfuscher in einer Eingabe vom 14. November 1786 [4]) in folgenden Worten hervor: „Indem unserem Handwerke nur eine schleunige Hülfe nützlich sein kann, da, wie bekannt, für uns die mehrste Arbeit nur in einer gewissen Jahreszeit und

---

[1]) Akta das Kürschnerhandwerk alhier contra Johann Erhardt Schustern. Tit. 64,74. Ratsarchiv Leipzig.

[2]) Zunftbuch II, S. 135. Ratsarchiv zu Leipzig.

[3]) Zunftbuch II, § 11, S. 44. Ratsarchiv Leipzig.

[4]) Akta die Kürschnerinnung betr. 1599–1786. Tit. 64,72. Vol. I im Ratsarchiv zu Leipzig.

besonders in der jetzigen vorhanden ist. Ist Weynachten vorbey so ist es mit unserer Arbeit ohnedem aus, und dann bedürfen wir des Schutzes gegen die Pfuscherey weit weniger als jetzt. Aber eben jetzt, wo in anderen Jahren sämmtliche Mitglieder unserer Innung vollauf zu thun hatten, stehen mehrere Werkstätten leer, sind mehrere Mitmeister ohne alle Arbeit und Verdienst, sind teils schon verarmt, teils in der Gefahr darin zu gerathen und das aus keinem anderen Grunde, als weil selbst die angesehensten Familien ihr Pelzwerk bey Pfuschern und Pfuscherinnen, deren Anzahl sich mit jedem Tag vermehrt, verfertigen lassen, weil diese Leute, die mit keinen Abgaben beschwert, um einen wohlfeilen Preis arbeiten und auch arbeiten können, als wir, die wir als Bürger und Meister viele und schwere auch zum Teil auf unserer Nahrung liegende Abgaben zu entrichten haben."

Sehr gut läßt sich das Produktionsgebiet der Kürschner, wenn auch nicht annähernd vollständig, aus den jeweiligen Meisterstücken, welche in den Zunftordnungen erhalten sind, erkennen. Eingeführt wurde die Meisterprüfung im Jahre 1499, wenigstens finden wir in den Zunftordnungen dieses Jahres das erste Meisterstück. Es bestand aus:

1) einer konneline Kurschen,
2) einer Schaube von schmaßen mit großen ermeln,
3) einem Frauenpelz von sechs felen,
4) einem Leibpelz von dreien Fellen [1]).

Einen weiteren Aufschluß über das Produktionsgebiet der Kürschner im Anfang des sechszehnten Jahrhunderts erhält man in einer von den Kürschnern aufgestellten Taxordnung vom 8. September 1543, welche allerdings die Billigung des Rats nicht gefunden zu haben scheint, da sie durchgestrichen und eine andere Taxe an den Rand geschrieben ist [2]). Sie war folgende:

Erstlich Wasz von Mannesschauben Seiden gewandt belanget, Nach alter Ordnung vndt gewonheit, vom gemeynen Kleydt zu futterlon ist — 1 ff.

Noch dem sy aber yzige zeyt etzwasz weytter vndt myt mer Erbeit der Valten halben vnd vnttersehlagenn bedorffende ist woll eyn ort [3]) aber mher darvonn zuvordienen, Wasz myt wyldtware, Als Marder marderkelenn, Nortzenn, vnd Andersz mher betreffende.

Wasz aber Eyn gemeynen Mannesz rock ist, Myt Er gestaldt geschnytten, vnd Engen Ermlenn, Es sey grob schwarz, aber weyß zweschen futter, — 8 gr.

[1]) Zunftbuch I, S. 122. Ratsarchiv zu Leipzig.

[2]) Verschiedenes die Kürschnerinnung betr. 1543–1710 Tit. 64, 273. Ratsarchiv zu Leipzig.

[3]) Ortsthaler.

Szo aber Eyne Mannesz rock, myt Eynem vberschlagk und große Ausschlag, haben Muß, der halben dy pesten, schwartzen zmaschen, ausz den Futternn, musz aufgelessen, vndt myt Fortteil muß gemacht werden
12 gr. und vil Erbeyt bedarff zu Macherlon — 15 gr.

Eynn rock Myt Rumennyschen zmaschen, Noch dem derselbige Sunderlich Myt großem Vleysz wyl gemacht seyn, undt vyll zerfellens bedarff, was geuehet vndt gemacht, offt wieder muß zertrandt werden, Szo es Anders szoll gemacht seyn, das recht ist, kost es vyll Erbeit darvon — 1 ff.

Eynn gemeynner Mannesz leybrogk vngeferlych ann dy knye, Myt gemeynem futter Es sey schwarz aber weysz, aber Ander gemeyn futter, Myt vil valten, zu futterlonn — 8 gr.

Wasz aber koller ader Jacken, Dye weyll Mann, Nycht alleynn Lydernn koller Sunder von Allerley, als von Samet, Dammaszk Kartegk vndt von Allerley seyden gewandt auch von Harresz Settyenn parchett, etc. gemacht und betreffende, seynn dar vonn — 5 gr.

Mannesz parett Mytt zweyen schlegen [1]), welche Eigenn futter haben durch aus — 4 gr.

Eynn Mannesz schlepgen so Er durchausz Eigenn futter hatt — 2 gr.

Dye weyll man von Alters Noch alter furstlicher Ordennung, gegeben vonn Wolffspelz, szo dy wolff gelidert geweszen zu Macherlon ge-
1½ fl. burdt vndt geben ist 1 ffl. vndt Nhor s wolff myt wamen dar zu geben aucht werden — Vndt ytzt keynn wamen, Sunder eyttel rucken haben wyll vndt Machen musz, braucht mann ytzt zum peltz 14, 16, auch 18 wolffs rucken zum peltz, Muß wol drey mal szo vill erbeyt drauff gewendt werden; Ob man gleich 1, 2 ffl., Aber doch 1½ Thaler gebe wher nycht zauyl Sunder wol zuerdyenenn.

Vonn eyn Wolff wemyn rogk zu futterlon ½ ffl.

Noch dem Aber vber mannesz gedenck und Alter hantwergsz gewonheit, vndt Ausz Weysze Alter furstlicher ordenung, Eyn yeder Meyster beyn vnsz vom marder zu lydern 1 gr. gehabt, hat er aber dy Marder vor Erbeyt, zum futter, auch 1 gr. vnd Nycht mher, hat nemen mussen; Lassen whyr Es, bey dem selbigen bleybenn, hat Aber Ymandes weniger genummen stedt zu Es yeden meysters wyllkör. —

4 gr. Dye wolffspelz zu Lydernn von yedem stuck — 5 gr.

Vom fuchszbalg zu Lydernn — 1½ gr.

Vom Marder Alleyn zu Lydernn vom stuck — 1 gr.

Dye weyll Aber bey yzigen zeytten von kleydunge als vonn schauben, Mannesz rocken, Leybrocken, kollernn sy seynn, Lydern, seydenn, ader wy sy wöllen, Auch paretgen, vndt schleppenn, Szo weydt Auch szo Mancherley vndt wunderlich zerschnitten werden,

[1]) Aufschläge, Verbrämung.

geben whyr yedermennyglich zuerkennen, das es bey Solchem Angezeygtem Lone Nycht bleyben kann, Sunder geben, Solches vnszerer Oberkeyt zuuerkennenn den auch szollichs yn vnserer Macht nycht stehen kann, vnszerer gut Meynung Nach, Mag sych Eyn yeder, eyner myt dem Andernn vorgleychen.

Folget wasz frawen kleydung belanget.

Eyn seyden kleydt, Als frawen schauben Myt angelauffenen valten undt Nyderlendyschem gebrem Ader anderem hochem gebrem, Dye weyll Solche brem muszen eyn mall, auch woll zweymal, Muszen angescha? gen werden szo sy das futter selbst haben — 1 fl. 5 gr. 1 fl.

Eyn Nyderlendysch gebrem Oder Sunst hoche gebrem vmb zu Machen wy sych gehört — 10 gr. 8 gr.

Eynn frawen vntterrock, Noch dem sy ytzt sehr weydt gemacht werden, Szo sy Eygen futter haben — 10 gr. 8 gr.

Von Eyner gemeynen pfaffen schaube, dye weyl sye ytzt gemeynglich Myt puchszen vndt Myt, Entzwey geschnyttenen Ermeln gemacht werden undt vyll vorbremensz bedarff, zu futtern — 12 gr. 10 gr.

Eyne pfaffen schaube, Myt Marder kelen, Grauwerk ader fehewamen, zu futtern, Dye weyl dy pestenn kelen, auch fehebalg, Muszen ausz den gantzen futtern auszgeleszen, vndt gar zerfelt, vnd herfurer gebracht werden, Myt vleysz vnd vil bremensz bedarff dar von zu füttern — 1 ffl. 15 gr.

Eyn frawen Langen Leybrogk Myt Angelauffenen valten, Musz vyel Erbeit vnd bremensz haben — 10 gr. 7 gr.

Eyn frawen yeckgen, szo sy Alles darzu selber hath, zu futterlonn — 3 gr.

Von Eynn frawenn halszkoller zu futtern — 2 gr.

1598 bestand das Meisterstück aus:

Als erstlich einem Leibbeltz von 3 fellen;
Einem schmaschen Nunnenbelz mit weiten Ermeln;
Einem langen Nachtbeltz von 6 fellen;
Und einer kuhnrigke Kirschen [1]).

1692 tritt ein doppelt schwarzes Futter von schwarzen Schmaschen, eine sammtene Männermütze von ungefärbtem Zobel oder Marder und eine nach der damaligen Tracht gearbeitete Weibermütze hinzu [2]). Auch das Leihgeschäft wurde betrieben. So sahen sich die Kürschner 1598 genötigt gegen die Sitte, den Frauen Trauermützen, so oft sie dieselben gebrauchten, leihweise abzugeben, einzuschreiten, da die Mützen durch die stark gestärkten Trauerschleier zu sehr beschädigt wurden [3]).

[1]) Zunftbuch II, § 4, S. 48. Ratsarchiv zu Leipzig.
[2]) Zunftbuch III, Art. 9, S. 170. Ratsarchiv zu Leipzig.
[3]) Zunftbuch II, § 34, S. 41. „ „ „

Klar und deutlich geht das Produktionsgebiet der Kürschner im siebenzehnten, achtzehnten und Anfang des neunzehnten Jahrhunderts sowie die Konkurrenzverhältnisse, unter welchen sie in dieser Zeit zu leiden hatten, aus folgenden Eingaben sowohl des Gewerbes wie der einzelnen Kürschner und Händler etc. an den Rat der Stadt Leipzig hervor.

Eingabe des Kürschnerhandwerks gegen Häneln vndt Möbuszen vom 1. November 1641 [1]) etc. etc.

E. E. Hochlweisze erinnern sich ex actis grossgünstig, dass nicht alleine inhalt vnserer bestetigten Innungs Artikel kein Bareth viel weniger aber ein andrer Cramer befugt ist, Rauchwahren zu verkaufen, damit zu handeln oder auch solche zu verfüttern, sondern das wie auch solches vnser Recht durch langwürigen Prozess sowohl mit den bareth Cramern als der gantzen Cramer Zunft nicht ohne grosse Vnkosten erhalten vnd deswegen vnterschiedene Iudicata vorhanden wie Zu welchen auch dieszes das der Jenige so wieder solche vnszern Innungs-Artikel vnd erlangte Recht handeln würde allezeit 10 thl. straffe alsz 5 thl. E. E. Rat vnd 5 Thl. vnsz in unsere lade zuerlegen schuldigk sein solle, wenndan erstliche am 24 verwichenen Monats Oktobris zu des Churfl. Sächsz. Wohllöbl. Oberhofgerichts Protontario (soll wohl heissen pronotario) Hr. Friedrich Siegmund Sultzbergern Christoff Hähnel durch seinen diener vnterschiedene baar Zobeln so zu 12. 16. und 20. thl. gebothen worden zuverkauffen gebracht wie ingleichen einen von Zobeln gefertigten Muff vnd zwar ingegenwart vnszeres Mitt Meisters Jacob Priesznitzens Eheweibes, zum andern am 26. Ejusdem Christoff Moebus gleichfalls durch seinen Diener etliche Zobeln an einen vom Adel so beym Cramer Crafft gelegen zuverkauffen bracht, so neben Hans Görgen einem Schneider vnser Mittmeister Paul Merten ebener Maszen mit angeszehen vnd also beyde sowohl Christoff Hähnel als Christoff Moebus in besagte straffe der 10 thl. gefallen sein etc. etc.

Eingabe der Kürschner gegen Lorenz Oelsznern vom 16. Febr. 1652.[2])

Das Kürschner-Handw. berichtet, dass Lorentz Oelszner Crahmer allhier sich unterstehe Zobelne Mitzen zu machen v. zuverkauffen, benennt Zum Zeugen Hans Herteln, den ältern, weil nun solches wieder Ihre Artikul vndt des Rathes Abschied, Alsz bitten Szie Beklagten zu straffen.

Eingabe des Barreth Cramers Michael Martin Haine hierselbst vom 30. Juli 1660.[3]) etc. etc.

Es hatt dasz Kürschner-Handtwergk dieser Stadt dero vorgeben nach diese Freyheit, dasz sie alleine Zobelnn, Marternn, Ottern, und andere dergleichen Rauche, Müffe, die Barett-Crämer aber selbige nicht verfertigen oder verkauffen dürfen; szondern nur Sammetene oder Tuchene Müffe machen und zu feilem Kauff auszlegen mögen. Nun habe ich mich zwar nie vnterstanden, dass ich Zobelne oder Marterne Rauche Müffe selbst zurichten möchte; szondern solche jedes mahl durch die hiesigen Kürschner, denen ich die Zobelln und Martern darzu verschoszen, verfertigen lassen.

[1]) Verschiedenes die Kürschnerinnung betr. 1543–1710. Tit 64, 273. Ratsarchiv zu Leipzig.

[2]) Verschiedenes die Kürscherinnung betr. 1543–1710. Tit. 64, 273. Ratsarchiv zu Leipzig.

[3]) Verschiedenes die Kürschnerinnung betr. 1543–1710. Tit. 64, 273. Ratsarchiv zu Leipzig.

Es wollen aber obgedachte Kürschner mir anizo auch verbietten, dasz ich keine dergleichen Rauche, Müffe, ob sie gleich von ihren Mitmeistern alhier gemacht worden, öffentlich verkauffen solle, Wann denn gnädigster Churfürst und Herr solches der Natürlichen Billigkeit und Handtlungs-gebräuchen gänzlichen entgegen scheinet, Dass ich dassjenige, was ich bey andern verfertigen laszen, nicht zum öffentlichen feilen Kauff auszbiethen dürffe, Indehm die Keuffleuthe ja ihre Tücher, Zeuge und Leinwandt nicht selber färben, die Degen Gehäncke, Hüthe und andere dergleichen Wahren nicht selbsten machen, sondern zuvor durch andere verfertigen laszen, Meine Nahrung auch überdiesses in Zubereitung Zobelner und Marterner Mannes- und Weiber-Müzen und alszo in keiner Differenten Handlung bestehet, Alsz langet an E. Churf. Durchl. mein unterthänigstes und höchstfleissigstes bitten, dieselben geruhn gnädigst, mir diese Churfl. Concession in Gnade zu ertheilen, dass ich ins künfftige die Rauche Zobelnn, Marternn, Ottern, Gnotten und dergleichen Müffe, szo ich zuvor bey denen Kürschnern verfertigen lasse, ungehindert und ohne einiger wieder Rede öffentlich ssowol wie alsz ausserhalb denen hiesigen Märkten auszlegen und verkauffen dürffe. etc. etc.

Eingabe vom 4. Oktober 1710[1]) richtet sich gegen die fremden Kürschner aus Quedlinburg, Crain und Tyrol und anderen Orte, welche 3 bis 4 Tage vor der Messe sich einfinden, auch sobald sie ankommen, in der Einnahme-Stube sich angeben und daselbst einen frey-Zettel lösen, vermöge dessen sie hernach etliche tage vor der Messe mit denen gemachten Wahren hausziren herumbgehen und vielmahls alles verkauffen, ehe noch die Messe angehet, und hierauf mit dem gelösten Gelde davon ziehen und, indem das gewöhnl. Standtgeld erst anfangs der Messe pfleget eingefordert zu werden, also E. E. Rath umb das Standtgeld bringen. Ueber dieses Peter Tille, ein Kürschner aus Quedlinburg allezeith etliche tage vor der Messe mit vieler gemachter Wahre anher kömmet, und nicht allein auf gleiche weise einen frey- und Hauszier-Zettel in der Einnahme-Stube löszet, mit welchen er 3 bis 4 tage offt vor der Messe herumb trödeln gehet, sondern auch offt etliche tage nach der Messe seine Wahren hauszieren herumb träget. Weil nun aber dieses höchst unbillig ist und wir Bürger dadurch an unserer Bürgerl. Gerechtigkeit und Nahrung sehr gekränket werden, indem wir also zusehen müssen, wie diese frembde Meister uns unser bissgen Brodt durch dergleichen frey- und Hauszirungs-Zettel vor dem Maule hinweg nehmen, und da wir unsere Ordnung halten und unsere gemachte Wahre nur auf dem Peltzhause teyl halten, nicht aber herum trödeln tragen dörffen, denen ausländischen und frembden Kirschnern, zu unserem praejudiz und augenscheinl. ruin, dergleichen hausziren gehen verstattet und ihnen noch darzu uns zum schaden und nachtheil aus der Einnahme-Stube frey- und Hauszier Zettel darzu ihnen mitgetheilet werden, da doch vielmehr wir armen Bürger, die wir alle Bürgerl. Beschwerung tragen müssen, diese frembden hingegen nichts beytragen, ja E. E. Rath gar noch umb das Standt Geld betrügen, bey unserer biszgen Bürgerl. Nahrung vor anderen geschützet werden sollten. etc. etc.

Eingabe an den Rat von seiten des Leipziger Kürschner-Handwerks vom 15. Dezember 1775[2]): Dass das Handwerk der Kürschner in unserer Vaterstadt, wenigstens der grösste Teil unserer Mitmeister, in die Armuth gerathen und noch zu Grunde gehen muss, folglich der schuldigen Abgaben, so willig sie jederzeit selbige entrichtet, in Zukunft zu entrichten fast ausser Stand gesetzt werden, komt

[1]) Verschiedenes die Kürschnerinnung betr. 1543—1710 Tit. 64, 273. Ratsarchiv zu Leipzig.

[2]) Acta die Kürschnerinnung betr. 1599—1786 Tit 64, 72 Vol. I.

daher, weil so viel Pfuscher und Stöhrer, wie bereits einige in Schriften angezeigt und deschestens mehrere angezeigt werden sollen, sie allzusehr beeinträchtigen.

Nicht genug also, dass man heimlich unser Brod entzieht, sondern man thut es öffentlich, wenn z. E. die wenigen Tage des Christ-Markts einige der Barret Crämer als Asmusz, Hertzog, Hertel und Nörner sich unterfangen, ob sie gleich nur einfach die Abgaben entrichten, zweyfache Verkaufsstände zu halten auf dem Markt neben unserer Buden sich in eben der gleichen Buden zu stellen und auch zugleich unter den Bühnen feil zu haben, dergestalt, dass wenn Käufer in ihren Buden solche Kürschner Ware suchen, so die Barret Crämer öffentlich nicht führen dürfen, sie die Käuffer von uns abrufen und in ihre Gewölbe führen, und ihnen alda alles verkaufen; wenn denn aber solches unbillige und gewinnsüchtige Verfahren, dass diese obbenannten Leute in zweyerley Ständen feil haben, und, wie man zu sagen pflegt, mit zwey Scheeren auf einmal schneiden, uns gantz zu Grunde zu stürtzen suchen, und, ob sie gleich gedoppelt Geld lösen, die Abgaben nur einfach entrichten; als unterfangen wir uns gehorsamst zu bitten:

Der Gerechtigkeit Genüge zu leisten und denen Barret Crämern Asmus, Hertzog, Hertel und Noernern, dass ihnen nebst ihren offenen Gewölben auch in offenen Läden feil zu haben ausser denen Messen nicht erlaubt sey, und dass sie die Tage des Christ-Markt sich dessen enthalten sollen, gütigst zu bescheiden.

Eine andere Eingabe vom 27. Oktober 1786 [1]) bittet um Erlaubnis, einige Pfuscher, namentlich die Schulhalterin [2]) Knollin im grünen Schilde, Wolfermannen in der hallischen Gasse und Dietzen in der Nikolaistraße ausheben zu dürfen. Denn

1. treiben dergleichen Leute ihre Pfuscherei natürlicher Weise heimlich und im Verborgenen, so dass es schon äusserst schwer ist ihnen nur auf die Spur zu kommen; Und wenn es uns denn endlich einen oder den andern auszukundschaften glückt und wir gegen denselben bey Ew. Magnificenz Wohl. und Hochedelgeb. und Hochwl. Beschwerde führen, so ist und kann solches doch für uns

2. nicht den geringsten Nutzen haben, weil dergleichen Leute ihre getriebene Pfuscherei mit der grössten Dreistigkeit geradezu ableugnen, und wir meist auf keine Weise sie zu überführen im Stande sind, weil es uns dies zu bewürken jederzeit an den hierzu erforderlichen Beweissmitteln fehlt, indem uns kein anderer Weg die getriebene Pfuscherei zu beweiszen offen steht, als allenfalls diejenigen Personen, welche bey Pfuschern arbeiten lassen, als Zeugen aufzuführen; Aber wie sollen wir diese entdecken, da Sie es nie laut werden lassen. Und wenn wir auch nun alle diejenigen wüssten, für welche die uns zu Grunde richtenden Pfuscher arbeiten, was würde es uns helfen, wenn wir sie darüber vernehmen lassen wollten? Sie würden es ebenso wie die Pfuscher selbst geradezu ableugnen und wir weiter keinen Nutzen davon haben, als vergebliche Kosten. Wir sehen daher uns genötiget, Ew. etc. etc. demüthigst anzuflehen, dieselben wollen es bey dem alten Gebrauch bewenden lassen und die Aufsuchung und Aufhebung der Pfuscher uns fernerhin zu verstatten hochgeneigt geruhn, anerwogen die Aufhebung der Pfuscher uns bisanhero jederzeit verstattet worden und nur noch neuerlich in Ansehung des ebengenannten Wolfermanns auf unser darum geschehenes Ansuchen. Folgt eine Berufung auf frühere Privilegien die Haussuchung betreffend und fährt dann also fort: Diese heilsame Verordnung hat uns gegen die täglich immer mehr überhand-

[1]) Acta die Kürschnerinnung betr. 1599 1786 Tit 61, 72 Vol. I. Ratsarchiv zu Leigzig.

[2]) Inhaberin einer Winkelschule.

nehmenden Störer bisanher noch einigen Schutz gewährt, und wir sind bey deren Befolgung mehreremalen im Stande gewesen, Ew. etc. etc. die unleugbarsten Beweise von den Eingriffen in unsere Gerechtsame und unserm Handwerk so nachtheiligen Störereyen vor Augen zu legen. Sollte uns nun auch noch dieses Mittel der Vertheidigung gegen die Beeinträchtigungen der albier sich befindenden Pfuscher und Pfuscherinnen abgeschnitten werden, so würde eine unausbleibende Folge davon seyn, dass ein grosser Teil unserer Mitmeister und besonders diejenigen, welche neben dem Handwerk mit Rauchwaaren nicht handeln, sondern sich blos von dem Handwerke nähren, zu Grunde gehen müsste. Denn leider ist es schon dahin gekommen, dass selbst jetzt, da doch sonst von Michaelis bis Weihnachten für die Kirschner die meiste Arbeit ist, viele derselben ohne Arbeit sind, nicht als ob Mangel an Arbeit wäre, sondern weil solche den Kirschnern von den Pfuschern entzogen wird, die sie vielleicht um ein geringeres Lohn machen und auch machen können, nicht nur, weil sie schlecht und leichthin arbeiten, sondern auch hauptsächlich darum, weil sie bey weitem nicht mit so vielen und grossen Abgaben beschwert sind als es ein hiesiger und ordentlicher Bürger und Mitmeister ist etc. etc.

Groß war die Konkurrenz, welche den Kürschnermeistern von Kürschnergesellen gemacht wurde, welche ihrer Mittellosigkeit halber oder auch aus anderen Gründen das Meisterrecht nicht erwerben konnten. In einer Eingabe vom 12. Febr. 1783 [1]) finden wir hierüber folgendes:

Ohngeachtet alles gesetzlichen Verbots mehren sich dennoch die Stöhrer unseres des Kürschnerhandwerks täglich, so wie wir abermahls in Erfahrung gebracht und hiermit klagend anzeigen müssen wider einen Mann Namens Flach, wohnhaft auf dem Rannstädter Steinwege, in der Nonne, so vormahls Kürschnergeselle war und jetzt öffentlicher Stöhrer, auch ein Mann von Vermögen und sehr grosser Kundschaft ist, welcher

1. dem Gerichtsdiener Rosenbauer und dessen Familie vor einem Jahre gegen Weinachten folgende Arbeit verfertiget als
   a) einen neuen Cattunen Mantel, und
   b) Frauenzimmer Peltz gefüttert, für dessen Frau,
   c) eine Piquesche gefüttert für dessen Sohn, und
   d) einen rosenrothen Peltz für dessen Tochter, ingleichen
2. um eben diese Zeit dem Schlosser Vocke
   a) eine Piquesche gefüttert, nebst
   b) einem Peltzlatze, auch
   c) eine Kontusche, für dessen Frau;
3. nach der Neujahrsmesse voriges Jahres einer Frauensperson Namens Neubertin im häll. Pförtgen, ein Korset gefüttert;
4. gegen Weinachten voriges Jahres der Mademoiselle Barthin eine halbsaluppe gefüttert.

Dergleichen Stöhrerei wir noch mit mehr anführen könnten, er auch täglich noch ausübet etc. etc.

In einer anderen Eingabe vom 3. März 1783 [1]) wurde derselbe, da er leugnete, noch folgender Arbeiten bezichtigt und überführt.

[1]) Acta die Kürschnerinnung betr. 1599–1786 Tit. 64, 72 Vol. I. Ratsarchiv zu Leipzig.

1. vor eine Mamsell Haltern am Naschmarkte gegen die N-Jahrmesse 1781 eine Braut-Saluppe,

2. vor Fehrmann im Paulino gegen Weinachten voriges Jahres eine Piquesche und unter vielen anderen

3. vor die Madam Belgern aus der Grimmisch-Gasse gegen eben diese Zeit eine Saluppe gefüttert auch

4. sich zu dieser Stöhrerei durch einen Zimmergesellen Fuchsbretter und Zuschneidetisch machen lassen, ohne noch viel andere Stöhrerei, deren wir ihn überführen könnten.

Folgt eine Eingabe gegen den Rauchwarenhändler Lampe vom 1. Sept. 1787 [1]), weil er Fischotter auf Bretter aufgeschlagen und auf die Gasse herausgesetzt hatte. In einer anderen Eingabe in derselben Angelegenheit wurde auch seine Frau der Stöhrerei und zwar des Anbrachens bezichtigt. Also beide der Zurichtung, Bestechung und des Anbrachens.

Die Rauchwarenhändler begannen also der Kürschnerei nicht nur im Handel, sondern auch in ihrem eigentlichen Produktionsgebiet Konkurrenz zu machen, und zwar richteten sie sowohl selbst zu, bestachen und brachten an, als auch auf dem Wege des Verlagssystems, indem sie Kürschner beschäftigten. Es trat eine gewisse Abhängigkeit gewisser Kürschner von Händlern ein. Auch ließen die Händler zur Messezeit ihre Waren von Kürschnern sortieren. Immer mehr arbeitete der Kürschner für den Händler und immer schwieriger wurde es, diesen Zersetzungsversuchen gegenüber die Zunftvorschriften zur Geltung zu bringen.

Am 15. Nov. 1787 [1]):

Erscheinet auf Erfordern Meister Johann Gottfried Werl jun. Bürger und Kürschner alhier und saget auf Befragen: es sey wahr, dass er für den hiesigen Rauchhändler H. Carl Heinrich Lampen Kürschnerarbeit fertige und bestehe diese Arbeit in Zurichtung der Rauchwaaren und Bestechung derselben. Bisher und zwar vor der Michaelmesse dieses Jahres habe er für H. Lampen 30 Stück Ottern und 60 Stück Schuppen zugerichtet und zwar in seinem Logis, in H. Lampens Logis habe er für denselben noch nicht gearbeitet.

Ferner Meister Johann Gottlieb Krut, Bürger und Kürschner alhier, und saget auf Befragen: es sey wahr, dass er für den hiesigen Rauchhändler H. Carl Heinrich Lampen Kürschnerarbeit fertige, und bestehe diese Arbeit in Zurichtung und Bestechung aller Arten Rauchwaaren, er habe auch schon für Herrn Lampens Schwiegervater, den verstorbenen hiesigen Rauchhändler und des Kürschnerhandwerks gewesenen Obermeister H. Schreibern seit 40 Jahren gearbeitet. Er verrichte diese Arbeit in seinem eigenen Logis, in H. Lampens Logis habe er noch nicht gearbeitet. Er weiss nicht, dass H. Lampe selbst sich mit Zurichtung und Bestechung der Rauchwaaren beschäftigt. Einnert noch: beym Anfang der Messen

[1]) Acta die Kürschnerinnung betr. 1788–1807. Tit. 64, 72. Voll. II. Ratsarchiv zu Leipzig.

sey er bisweilen bei H. Lampe und helfe demselben die Waaren in Ordnung bringen und sortiren.

16. November 1787[1]).

Erscheint auf Erfordern Meister Carl Gottlob Fenthol, Bürger und Kürschner, und saget auf Befragen: es sey wahr, dass er für den hiesigen Rauchhändler H. C. H. Lampen Kürschnerarbeit fertige, und bestehe diese Arbeit hauptsächlich darinnen, dass er für Herrn Lampen sogenannte Futterarbeit mache oder Kleidungsstücken füttere, auch bisweilen für denselben einige Waaren zugerichtet habe, welches jedoch selten geschehen sey. Diese Arbeit verrichte er nicht in H. Lampens, sondern in seinem eigenen Logis. Messenszeit aber, wenn H. Lampe fremde oder ausländische Waaren erhalte, sey er einige Tage bei H. Lampen und helfe demselben die Waaren sortiren etc. etc.

Am 19. August 1794[1]) wenden die Kürschner folgendes ein: etc. etc. Dahingegen wir quoadb. bemerken müssen, daß der Ausdruck „Rauchwarenanbrauchen" ein Handwerks Terminus ist und nichts anderes heißt, als die bey Zurichtung der Waaren gefundenen Löcher sauber auszuschneiden und zu nähen, und diese Arbeit, sowie auch das Bestechen und das Ziehen der Waaren über die Bretter, zum Zurichten der Rauchwaren gehört und einen Teil derselben ausmacht.

Am 22. August 1789[1]) beschweren sich die Kürschner, daß der Rauchwarenhändler Schneider Rauchwerk in Weißenfels zurichten läßt, da er früher in Weißenfels gewohnt, drey Kürschner dort Bürger und Meister habe werden lassen, denen er Vorschuß gethan habe und die noch für ihn arbeiteten. Der erste Beweis, daß Kürschner in die Clientel des Verlegers geraten und völlig von letzterem abhängig sind. Aus folgendem geht weiter hervor, daß sich die Kluft zwischen dem kleinen und großen Kürschner immer mehr erweiterte und daß der Absatz des ersteren an den Händler immer wichtiger wurde. Der Übergang der vorwiegenden Gebrauchswertproduktion zur vorwiegenden Tauschwertproduktion ist vollzogen.

30. September 1789[1]) etc. etc.

Wenn es nun aber dem grössten Teil unserer so zahlreichen Innung bereits an Arbeit fehlt und viele unserer Mitmeister sich wirklich schon in der traurigen Lage befinden, dass sie ohne Brod sind und nicht wissen, wovon sie sich und die Ihrigen ernähren oder auch nur die von ihnen als Bürger zu entrichtenden Steuern und Gaben hernehmen sollen, Ew. etc. etc. aber wie wir vollkommen überzeugt sind nichts so sehr am Herzen liegt als die Erhaltung und Beförderung des Wohls eines jeden guten und getreuen Bürgers; So schmeicheln wir uns um so viel mehr mit der gewissen hofnung dieselben werden Herr Schneidern das Versenden der rohen Rauchwaaren zum Zurichten an auswärtige Orte bey nahmhafter Strafe zu verbieten hochgeneigt geruhen, je zuverlässiger wir behaupten können, dass unsere ganze Innung ohnfehlbar ganz zu Grunde gehen würde, wenn denen Rauchwaarenhändlern ihre rohe Rauchwaaren auswärts zurichten zu lassen ver-

[1]) Akta die Kürschnerinnung betr. 1788–1807 Tit. 64. 72. Vol. II. Ratsarchiv zu Leipzig.

stattet, und uns auf diese Weise der Hauptnahrungszweig entzogen werden sollte etc. etc.

Weiter erklärt der Rauchwarenhändler Schneider am 6. August 1790[1]) außer anderem, daß er, da seine Waren sehr ins Geld liefen, auf seine Sicherheit bedacht sein müsse, wem er sie anvertrauen könne. Diejenigen Meister alhier, zu denen er Vertrauen habe, hätten für sich zu thun und wollten nicht für ihn arbeiten, und diejenigen, die vielleicht für ihn arbeiten möchten, wären nicht in dem Stande, daß er ihnen seine Waren anvertrauen könne. Wenn das Kürschnerhandwerk alhier ihm Sicherheit verschaffen könne und wolle, daß er seine Waren allemal richtig wiederbekomme, wolle er gerne alle seine Waren hier zurichten lassen etc. etc.

Am 29. Dezember 1790[1]) findet sich in den Leipziger Zeitungen 252. Stück Dienstags den 28. Dezember 1790 folgende Notiz:

In dem Englischen Gewölbe des Herrn Coles von London, auf dem neuen Neumarkte der grossen Feuerkugel gerade über, ist für die Neujahrsmesse ein neues Assortiment von England angekommen, bestehend in Dames- und Manneshandschuhen, theils von Castor, theils von Rehbock und anderm Leder, auch englische Reisemützen und Handschuhe von Rauchwerk, welche alle zum billigsten Preise verkauft werden sollen. (Cole hat nur in den Messen offenes Gewölbe und handelt mit englischen Waren engros.)

Aus folgender Eingabe vom 24. Februar 1791[1]) ersicht man, daß die Konkurrenz auch im Innern des Gewerbes selbst immer schärfere Formen annahm. Der größere Kürschner betrat den Weg des Manufaktursystems. Er beschäftigte nicht zur Innung gehörige Gesellen etc. und arbeitete auf diese Weise billiger als der kleine Meister.

So sehr wir uns bisher haben angelegen sein lassen der Pfuscherey und Stöhrung unseres Handwerks Einhalt zu thun, so haben wir doch bis jetzt unseren Zweck noch nicht erreichen können und wir müssen gestehen, dass wir selbst durch das Benehmen einiger unserer Mitmeister, welche Pfuscher theils in Arbeit nehmen, theils Arbeit geben, daran verhindert werden. Nun wird zwar nach unserer Innungs-Verfassung ein jeder, der sich dergleichen gemacht, um ein Pfund Wachs oder 8 gr. bestraft. Allein diese Strafe ist viel zu gering, als dass sie gehörige Würkung thun könnte. Denn wenn ein Mitmeister einen Pfuscher einen Viertel oder Halbjahr auch wohl noch länger in Arbeit gehabt, und am Ende deshalb um 8 gr. gestraft wird, so ist dieser Verlust dem Vortheil gering angemessen, welchen derselbe dadurch erlangt hat, dass ihm auf eine so lange Zeit von einem Pfuscher vielleicht ums halbe Lohn gearbeitet worden ist.

Weiter beklagt sich die Eingabe über das geringe Interesse an den Handwerkszusammenkünften und den geringen Besuch derselben und bittet die Strafe für eventuelle Versäumnis derselben erhöhen zu dürfen. (Von 3 gr. auf 8 gr.)

[1]) Akta die Kürschnerinnung betr. 1788–1807 Tit. 64. 72. Vol. II. Ratsarchiv zu Leipzig.

Infolge deßen bittet die Innung ihren Innungs-Artikeln folgenden Artikel hinzufügen zu können: „Wenn ein Meister einem Pfuscher entweder Arbeit giebt, oder selbigen in Arbeit nimmt, derselbe soll dem Handwerk für jeden Tag, so er dem Pfuscher Arbeit gegeben, oder in Arbeit gehabt hat, Ein Pfund Wachs zur Strafe geben oder 8 gr. Geld erlegen."

19. Jänner 1793[1]). Eingabe, weil Johanne Christiane Feichertin, auf der Sandgasse in Löschershause wohnhaft, zur Ungebühr sich anmaßt, Pelzmützen für Knaben hauszieren zu tragen. Sie hausziertc für eine Kürschnersfrau deren Mann weggezogen war und deren Sohn, ein Kürschnergeselle, die Sachen angefertigt hatte. Eine Mütze mit grünem Deckel kostete 12 gr.

25. November 1793[1]).

Führt ein Kürschnermeister Friedrich Gottlob Adam, welcher dies in Hamburg, Dresden und Berlin gesehen hat, die erste Musterkarte für Rauchwaren ein. Darüber große Entrüstung in der Innung, weil dies die Pfuscherey befördere. (Putzmacherinnen mit selbstgefertigter Musterkarte könnten in den Häusern umhergehen und Waren (Arbeit) anbieten) Musterkarten könnten den Absatz steigern.

Leipzig, den 30. Oktober 1783[2]), erscheinen bei der Rathsstube Mstr.: Johann Friedrich Pfuhl, Obermeister des Kürschner Handwerks, ingleichen

Mstr.: David Wilhelm Kohl, }
Mstr.: Conrad Gottfried Rüderich } Jungmeister

und bringen an: sie hätten gestern Abend auf hierzu bey der Rathsstube gesuchte und erhaltene Erlaubniss in Gegenwart des Gerichts-Dieners Johann Paul Treffs bey einigen Innungs-Störern Nachsuchung gehalten; und dann

1) bey dem Kürschner-Gesellen N. N. Samtmann im schwartzen Bären wohnhaft

An Rauchwerke

1) 47 Stück Iltis,
2) 7 Schnuren Grauwerk,
3) 2 Fuchs-Bälge,
4) Vier schwartze Ukrainer Fellgen,
5) Ein gefärbtes Bär-Muf-Blatt und
6) Ein altes Piqueschen Futter nebst Überzug.

2) bey dem Kürschnergesellen Flachen, wohnhaft in der Sonne vor dem Rannstädter Thore;

1) 12 Stück weisse Schmaschen,
2) 1 Kaninchen Futter,
3) 8 Mitzen Futter und
4) 5 schwartze Triester Felle

[1]) Akta die Kürschnerinnung betr. 1788—1807. Tit. 64. 72. Vol. II. Ratsarchiv zu Leipzig.

[2]) Protocoll die Kürschner Stoerer betr. 1783—1791, Titel 64. 75. Ratsarchiv zu Leipzig.

vorgefunden und aufgehoben, wie sie denn auch beyde über der Arbeit angetroffen hätten; etc. etc.

Leipzig, den 30. Oktober 1783.

Erscheinen bei der Rathsstube
Mstr. Gottlieb Költz und
Mstr. Christian Törtz
Mstr. David Kohl und
Mstr. Karl Venthol
} Kürschner

und bringen an, dass sie heute gegen Abend auf hierzu bey der Rathsstube erhaltenen Erlaubniss bey einigen Handwerks Störern Nachsuchung gehalten, und dann

3) bey Johann David Dietzen, wohnhaft in dem Händlerischen Hause im Brühle,

1) Ein alt Contouch. Futter, nebst dazu gehörigen Ermeln

4) bey dem Paret Crämer Wolfermann in der Häll. Gasse

1) Eine weisse Schnure Grauwerk.
5 Stück dergleichen schwartzes,
8 Stück Hamster und
Eine alte Mitze

5) bey der Knollin, der Schulhalterin im grünen Schilde,

Eine weisse Rapp-Saloppe, mit schwartzer Katze aufgeschlagen
Eine schwartze lange Saloppe, mit Febamme (soll wohl Fehwamme heissen) gefüttert, und Grauwerk Vorstoss
Zwey Kaninchen Futter
Acht Grauwerk Felle,
Ein alt Mantel Futter nebst Einer Schmasche, ingleichen Etwas Hasen und Fehe-Gefleckicht.

6) bey N. N. Hofmann vor dem Peters Thore im Klostergäss'chen,

Ein alt Peltz-Corssett
Zwey dergleichen nur ohne Peltz
Eine Leib Contouche
Eine alte Saloppe, mit Febammen gefüttert und Grauwerk aufgeschlagen
25 Stück Schmaschen und
Ein grüner Tuchener Fuss-Sack, nebst datzu gehörigem Futter,
Ein Stück Vielfrass und
Eine Arbeits-Bank

gefunden und hinweggenommen hätten etc. etc.

Sandtmann kaufte für Rauchhändler auf dem Lande Hasen- und andere Felle ein und handelte in der Messenszeit auch mit Rauchwaren. Er besuchte mit Band und Zwirn die Jahrmärkte und, wenn keine Jahrmärkte waren, kaufte er für die hh. Schneider Hasen- und andere Felle ein. Flach machte Mützenfutter und verkaufte es in der Messzeit an fremde Kürschner, als ihm hierauf entgegengehalten wurde, dies sey doch Kürschnerarbeit, antwortete er: „Dieses sey eine Kleinigkeit, womit sich die wenigsten Kürschner abgeben und sie selbst kaufteu, wenn sie dergleichen nöthig hätten, denn mit etwas müßte er sich doch nähren" etc. etc."; führte endlich an auf Befragen, wovon er sich denn sonst nähre und seinen Unterhalt her nehme:

„Er sey Messens-Zeit Meßmarkt-Helfer bey einem Lübecker Kaufmann, der mit dänischen Schaaffellen handele, und außer denen Messen mache er, wie gesagt, obangeführte Mützen Futter, die er sodann in denen Messen verkaufe etc. etc.“

Dietze war Galanteriearbeiter und sagte unter anderem aus: „Er nähre sich lediglich von der Galanteriearbeit, so er vor hh. Forger unter denen Bühnen fertige. Da er seiner Tochter das Putzmachen habe lernen lassen, und diese ebenfalls vor hh. Forger Saloppen fertige; so geschehe es dann und wann, daß bey ihm neue mit Pelz gefütterte Saloppen lägen, welche jedoch durch den Kürschner gefüttert und der Tochter sodann zurückgegeben würden, um den Capuchon daran zu machen und in Falten zu legen, und eben deshalb entstehe bey dem Kürschner-Handwerk der Verdacht als ob er Kürschner Arbeit mache, allein dieses geschehe nicht.“

Johann Friedrich Wolfermann saget: „er sey gebürtig von hier. beweibt, ein hiesiger Schutzverwandter und ausgelernter aber nicht würklicher Paret-Crämer, inmaßen er nur für die Paret-Crämer und Galanterie-Händler arbeite.“ Er machte Mützen.

Hoffmann war gelernter Kürschner. Er führte zur Entschuldigung an: „Er habe dieses Metier einmahl und nichts anderes gelernt; zu anderer grober Handarbeit sey er zu alt und kränklich, wiße daher nicht, womit er sonst sich, seine Frau und zwey Kinder nähren solle, überdies mache er auch nicht die geringste neue, sondern nur alte Flickarbeit etc. etc.“

Maria Regina, verehelichte Knollin, Schulhalters Eheweib hatte das rauche Krägelchen angesetzt.

Alle arbeiteten im Verlagssystem, im Lohnwerk, sowie auf Vorrat für sich selbst, um auf der Messe zu verkaufen.

H.H. Nörner handelte mit pelzgefütterten Saloppen und anderen dergleichen Galanteriewaaren, allein ob er das Recht hierzu habe, sey noch nicht ausgemacht. Auf alle Fälle aber, wenn ihm auch der Verkauf davon freystehe, dürfe er solche Kleidungsstücke durch Niemanden als durch Kürschner-Meister machen lassen. H. Nörner habe selbst eingeräumt, daß Curees Kürschnerarbeit wäre, und ebensowohl wären es auch Saloppen mit Peltz gefüttert, denn an jenen sowohl, als an diesen habe ihr Handwerk das Unterfutter zu machen, einzunähen, aufzuschlagen, und vorzufassen. Alles, was mit Peltz gefüttert würde, sey Kürschner Arbeit. H.H. Nörners Einwand, als ob dergleichen Arbeit von vielen Jahren her durch Galanteriearbeiter wäre gefertigt worden, sey gar nicht erheblich, inmaßen Rechtens, daß wo kein Kläger auch kein Richter sei. Allein es würden auch überdies die Akten besagen, daß ihr Handwerk schon mehrere Male bei Galanterie-Arbeitern wegen dergleichen Arbeit Aufhebung gehalten hätte, und diese deshalb bestraft worden wären. Leipzig d. 14. September 1786. Wurde noch öfter erwischt. Nörner ließ Dietze und Wolfermann, beide Galanteriearbeiter für sich arbeiten, z. B. Atlas Saloppe mit Pelz füttern etc. Diese beiden arbeiteten schon 20—30 Jahre für Galanteriewarenhändler.

13. September 1786 [1]). Eodem erschien Hhr. Christian Gottlieb Nörner, Bürger und Crämer, und versicherte auf Befragen, daß sowohl Dietzens als Wolfermanns Anführen in der Wahrheit beruhe und daß alle die bey ihnen vorgefundenen Sachen sein Eigenthum wären, und er ihnen solche, um Saloppen daraus zu verfertigen gegeben habe. So lange er hier als Cramer und Galanteriehändler etabliert sey, welches nunmehro 8 Jahre wäre, habe er auch beyden dergleichen Sachen zu fertigen gegeben. Auch wisse er, daß der verstorbene Galanterie-Händler H.H. Freyer, bey dem er zuvor Diener gewesen sey, an die 30 Jahre hindurch eben dergleichen Sachen durch Wolfermann und andere dergleichen Arbeiter, ohne den geringsten Widerspruch von Seiten des Kürschner-Handwerks, habe anfertigen lassen. Es sey dieses gar keine Kürschner Arbeit, denn was würkliche Kürschnerarbeit sey, als Curces, diese lasse er auch durch Kürschner machen, und würden die Kürschner-Meister Menze und Freygang ihm bezeugen müssen, daß sie viel dergleichen Arbeit für ihn das Jahr hindurch zu machen hätten; und bittet dannenhero die hinweggenommenen Sachen Dietzen und Hofmann wieder auszuantworten, sowohl das Kürschner-Handwerk zu bedeuten, sie zur Fertigung dieser und anderer Galanteriearbeit nicht zu hindern etc.

5. November 1790 [1]) wurden bei Wolfermann gefunden und konfisziert, eine völlig verfertigte schwarz atlassene Saloppe mit Kaninchen gefüttert und mit schwartzer Katze ausgeschlagen.

10. November 1790 [1]) Dietze schnitt für Nörner (angeblich) Saloppen nur zu, fütterte sie mit Leinwand und machte sie gantz bis zum Peltz-Aufschlagen fertig, sodann aber bekam sie der Kürschner. Ferner legte er in seiner Wohnung Saloppen in Falten, setzte den Capuchon darauf, welches die wenigsten Kürschner machten, und brachte sie, wenn sie aus der Façon gekommen waren, wieder in Ordnung, indem er sie ausputzte und auspiegelte. (Haussuchung fand noch öfters bei denselben statt.) Am 1. Dezember 1790 [1]) wurden gefunden bei Dietze

Eine neue blau atlassene noch nicht fertige Saloppe, und
Eine schwartz seidene dergl., nebst
Acht Stück Steinmarder zum Futter und
Ein Sack mit verschiedenen Peltz-Flecken.

[1]) Protocoll die Kürschner Stoerer betr. 1783 1791. Tit. 64. 75. Ratsarchiv zu Leipzig.

Leipzig d. 3. Dezember 1790[1]) erwähnte der Obermeister des Kürschnerhandwerks Mstr. Christian David Jungmann und Mstr. Heinrich Ohse unter vielem anderen, daß sie gewiß wüßten, daß Dietze mehr Arbeit habe als mancher Kürschnermeister.

Dietze besserte Peltzwerk aus, nahm Motten-Flecke heraus und stieß vor.

Leipzig d. 1. November 1791[1]). Kürschnergeselle Hofmann fertigte Kürschnerarbeit bei den Kaufleuten Herrn Adami & Kämpfe. Er wurde betroffen bei der Anfertigung einer mit Fuchs gefütterten tuchnen Mannspikesche, ferner einer anderen ebenfalls mit Fuchs gefütterten zeuchnen Mannspikesche, neben ihm lagen 8 Fuchs-Rücken. Er besaß einen Schutzzeddel. Er arbeitete in der Wohnung der Besteller und erhielt seine Arbeit stückweise und nach Gelegenheit bezahlt; z. B. für eine Pikesche 10 gr.

Am 2. Mai 1786[2]) berichten die Kürschner folgendes: „Da wir soeben in Erfahrung gebracht, daß die bereits unter den 29tten M. p. wegen des verbotenen Zufrühhandels ganz gehorsamst angezeigte Engländer Lange, Bäre nach Weißenfels zum Zurichten gehen lassen, von welchen heute 66 Stück anhero gekommen sind, welche doch den Art. 5 Cap. 9 unserer Innungs-Artikel zuwider, nach welchen denen hiesigen Innungsverwandten das Zurichten derer anhero zum Verkauf gebrachten Waaren, sowie das Sortiren derselben privative zuständig, so sehen wir uns diese unseren Artikeln zuwider unternommene Handlung ganz gehorsamst mit der Bitte anzuzeigen genötigt etc. etc."

Aus einer Eingabe vom 19. Januar 1787[2]) geht der Rauchwarenhandel der Kürschner hervor. Andreas Müller, Markthelfer bei den Rauchwarenhändlern Sievers & Kohn aus Hamburg, hatte in der vergangenen Neujahrsmesse für seine Herren 450 Stück Hasenfelle von dem hiesigen Kürschner Sandmann gekauft (außer vielem anderen). Müller kaufte für eigene Rechnung und hatte für eigene Rechnung dem Hutfabrikanten Friedrich aus Erlangen Hasenfelle verkauft, ebenso auch an andere, trieb also eigenen Handel. Er verteuerte nach Meinung der Kürschner die Hasenfelle.

Am 2. Januar 1799[3]) beschwerten sich die Kürschner über zwei polnische Juden, welche mit völlig fertig gemachten Schafpelzen handelten, und stellten noch weitere Anzeigen gegen andere polnische Juden in Aussicht.

---

[1]) Protocoll die Kürschner Stoerer betr. 1783—1791. Tit. 64. 75. Ratsarchiv zu Leipzig.

[2]) Acta die Kürschner betr. 1781—1811. T. 64. 72a. Ratsarchiv zu Leipzig.

[3]) Acta die Kürschnerinnung betr. 1788—1807. Tit. 64. 72. Vol. II. Ratsarchiv zu Leipzig.

Verschiedene Eingaben [1]) richteten sich gegen Kürschnergesellen, welche sich, ohne das Meisterrecht erworben zu haben, hier verheyrathen und niederlassen wollten; da vorauszusehen sey, daß selbige sich lediglich mit Kürschnerarbeit befassen und das Gewerbe so und soviel Störer mehr erhalten werde.

Eine Eingabe vom 22. Sept. 1801 [1]) beschwerte sich über den Kürschnermeister Samuel Hempel, welcher in der Beilage zu den Leipziger Zeitungen folgendes veröffentlichte.

Montags d. 21. Sept. 1801:

Samuel Hempel aus Arnstadt bezieht diese Messe zum erstenmal mit einem gut assortirten Lager aller Gattungen Pelze, Müffen, Bordürungen und Pallandin eigener Fabrike in den neuesten Moden. Durch die Güte seiner Waaren und durch billige Preise wird er sich das Zutrauen eines Jeden zu verschaffen suchen, und ist mit seinen Waaren in einer Boutique der Rumel'schen Handlung gegenüber zu treffen.

Die Kürschner verlangten, daß er die fertigen Waren im Pelzhaus am Naschmarkt verkaufe. Er wandte ein, daß die Kürschnergalanterieartikel, welche er führe, von den Frauenzimmern auf dem Pelzboden nicht gesucht würden. Aus einer Eingabe vom 6. Oktober 1806 [1]) sehen wir, daß der Kürschnermeister Sorgenfrey aus Waldenburg mit buntgefärbten Schafspelzen handelte. Es wurden ihm drey Stück Weibs-Pelze von Schaffellen confisciert, an welchen die Kürschner, wie er behauptete, weiter nichts auszusetzen gehabt hätten, als daß die Aermel von anderen Fellen als der Leib gewesen (Leib aus spanischen, Aermel aus deutschen Fellen). Dagegen bemerkten die Obermeister: „Im Gegenteil hätten sie beschwerend anzuzeigen, daß Sorgenfrey seine mitgebrachten Schafspelze hausieren tragen lasse. Sie hätten nehmlich eben auf'm Brühle einen Jungen getroffen, der einen bunten Weiberschaafspelz zum Kaufe ausgeboten habe, welcher allem Vermuthen nach von Sorgenfrey abgeschickt gewesen sey etc. Auch beschwerten sich die Landmeister auf'm Pelzboden, daß Sorgenfrey einen Jungen daselbst halte, welcher die Bauersleute bereden müsse, nicht auf'm Pelzboden, sondern bei ihm zu kaufen."

Leipzig 7. Januar 1807. [1])

Sorgenfrey wurden 10 Pelz als schlechte Arbeit confisciert. Er legte Revision ein und bemerkte in seiner Eingabe vom 8. Januar 1807 [1]), daß die Pelze nicht aus einerlei Fellen beständen, sondern aus mehreren Arten, aus Hammelfellen, Spanischen Socken und dergleichen zusammengesetzt seyen, verneinte hingegen, daß Felle

[1]) Acta die Kürschnerinnung betr. 1788–1807. Tit. 64. 72. Vol. II. Ratsarchiv zu Leipzig.

von Sterblingen oder anderes schlechtes untaugliches Pelzwerk dazu genommen sey, denn obschon ein Stück ein besseres Ansehen habe als das andere, so sey das letztere doch um deßwillen keineswegs schlechter als jenes, sondern ebenso dauerhaft und brauchbar. Auch sey ihm nicht Wissend, daß es an und für sich bey dem Kürschnerhandwerk unerlaubt sey, zu Einem Pelz mehrerley Arten Felle zu verarbeiten, wenigstens bey ihm zu Hause, wo auch eine ansehnliche Kürschnerinnung bestehe, wisse man nichts von einem solchen Verbote sondern ein jeder arbeite so wie er könne. Diese Pelze, wie die Vorliegenden, seien für kleine Kinder bestimmt und aus Abgängen von großen Pelzen zusammengesetzt, würden auch billiger als andere verkaufet etc. etc. Endlich bezieht sich Respondent darauf, daß man, um alle Käufer zu befriedigen, neben den guten theuren Waaren auch geringe und darum wohlfeile haben müßte, weil arme Leute, die auch mitunter einen Pelz zu kaufen wünschten, jenen nicht bezahlen könnten und sogleich nach ordinairer geringer Waare fragten.

8. April 1807:[1]) „Schon seit etlichen Messen hat ein gewisser fremder Kürschner, Namens Sorgenfrey aus Waldenburg, sich unterfangen, seine Bude und Stand nicht gleich den übrigen fremden Kürschnern, wie sich's gehöret, auf dem Pelzhause zu etablieren, sondern auf die Erde zwischen den Eingang des Pelzhauses und Allmosen Amtes seine Bude zu sezen, daselbst feil zu haben und alle Pelzwaaren suchende Käufer so anzurufen und zum Einkaufen bey ihm zu vermögen, daß dadurch nicht nur den übrigen auf dem Pelzhause stehenden Kürschnern sondern auch uns selbst beträchtlicher Eintrag geschieht etc."

Eingabe vom 8 ten Januar 1803[2]), weil der Schneidergeselle Küchler Mützen angefertigt und an den böhmischen Zwirnhändler Frommenn zum Aushängen und Wieder-Verkauf verkauft hat.

Eingabe vom 26. Oktober 1804[2]), aus welcher wir sehen, daß dem Kürschnergesellen Sehnert (41 Jahr alt, 20 Jahre als Geselle in Leipzig, beabsichtigt Markthelfer bei einem Rauchwarenhändler zu werden)

Ein neuer Muff von Fuchsfellen

Ein schwartz Atlassene Soloupen-Ueberzug ohne Futter,

von welchem das Eheweib selbst gegen sie eingestanden, daß diesen Ueberzug Ihr Ehemann füttern sollen und;

[1]) Acta die Kürschnerinnung betr. 1788–1807. Tit. 64. 72. Vol. II. Ratsarchiv zu Leipzig.

[2]) Verschiedenes die Kürschner betr. 1803–1825. Sekt. A. Tit. 64. 333. Ratsarchiv zu Leipzig.

Ein altes Rockfutter von braunen Schmaßen weggenommen wurde von der Innung.

Aus einer Eingabe vom 30. Dezember 1811 [1]) erfahren wir, daß der Kürschnergeselle Stöbe pfuschte und mit rohen Fellen handelte. Außerdem hatte er mehrere Niederlagen, in welchen er Schaf- und andere Felle aufbewahrte. Es wurden ihm 30 Stück Schaffelle confisciert. Er war beim hiesigen Kürschnermeister Prätorius in Arbeit.

Eine Eingabe vom 21. Dezember 1814 [2]) zeigt uns, daß die Frau Krügern, wohnhaft in Bendershause am Markt, in dem sogenannten Kochshofe, Mützen feil hält, solche weder eine Kürschnern noch eine Baretmachern ist, sondern solche im Namen des Magisters Feyern verkauft, welcher aber nicht Baret Crämer ist sondern nur das Cramerrecht hat etc. etc.

Leipzig, den 6. May 1823 [2]), beschwerte sich die Kürschnerinnung, daß der hiesige Kaufmann Aurich durch einen Juden Namens Jossel von Lissa rohe Schuppen (Felle vom amerikanischen Waschbär) sortieren läßt. Hier tritt zum ersten Mal die Concurrenz der Lissaer hervor.

Leipzig den 27. Septbr. 1824. Beschwerde [2]). Der Kürschner Quele von Leisnig unterfange sich fertig gearbeitete Pelzschlafröcke öffentlich auszuhängen, um im Einzelnen zu verkaufen. Sein Stand sey im Brühle im Köllerschen Hause.

Ferner verschiedene Beschwerden vom Jahre 1823—24 [2]) etc., weil Juden offene Gewölbe mit Rauchwaren halten und im Einzelnen damit handeln.

Am 4ten Novbr. 1824 [2]) bittet bei der Rathsstube der hiesige Kürschnerobermeister Fenthal um Nachfolge zu Visitation und Aufhebung mehrerer Stöhrer, meistenteils beweibter Gesellen (9 an der Zahl).

Die Visitation wird vorgenommen und es wurden außer anderem bei dem Kürschnergesellen Hanischen acht und $^1/_2$ Fuchsrücken zu einem Futter bestimmt gefunden. Bei seiner Vernehmung am 8. Novbr. 1824 sagt Hanisch aus, daß er in seiner Wohnung Kürschnerarbeiten fertige, jedoch nicht für seine Rechnung, sondern für hiesige Meister als Adam, verw. Moschig, Prätorius und Seydel. Giebt zu, daß am verwichenen Freitage bei der von der Innung unternommenen Aufhebung in seiner Wohnung $8^1/_2$ zu einem Futter bestimmte Fuchsrücken gefunden worden sind, und

behauptet, diese gehörten dem Kürschnermeister Thieme.

[1]) Acta die Kürschner betr. 1781—1811. Tit. 64. 72a. Ratsarchiv zu Leipzig.

[2]) Akten die Kürschner betreffend. 1814—1841. Tit. 64. 359. Vol. I. Ratsarchiv zu Leipzig.

Auf eigene Rechnung arbeite er durchaus nicht, und seine kränklichen Umstände verböten ihm, bey den Meistern selbst anhaltend zu arbeiten.

Hieraus geht hervor, daß sich immer mehr Meister dem Manufacturbetrieb zuwandten und sich infolgedessen immer weiter von dem eigentlichen Handwerk trennten.

Den 14. Dezember 1824[1]). „Wohl keine Innung der Stadt Leipzig hat von dem Geiste der Mode und den Zeitverhältnissen mehr gelitten als die unsrige. Unsere Pelzarbeiten sind seit lange von Tuchkleidern verdrängt; was wir einstmals durch Zurichtung roher Pelzwaaren verdienen konnten, das haben uns jetzt neidische Zölle entzogen, und Griechenlands wuthiger Befreyungskrieg hat den ehedem beträchtlich gewesenen morgenländischen hiesigen Pelzhandel völlig gelähmt; War sonst der Absatz auf unseren Messen noch unsere einzige Hoffnung, so finden wir uns auch jetzt da von Pelztrödlern oder Pohlnischen Juden verdrängt, die sich zusammen ein Gewölbe miethen und unter dem Schutz einer uns freylich unbegreiflichen Meß- und Handelsfreyheit durch die Firma eines sogenannten auswärtigen Rauchhändlers zu unserem Ruin alle drey Meßwochen hindurch Pelzwerk aller Art, besonders Schlafröcke, den einzigen noch vorzüglich gehenden Artikel, sogar im einzelnen verschleudern; obschon dem einzelnen Juden nach unseren Artikeln nur acht Tage der Handel mit fertigen Pelzwaaren verstattet sein soll.

Die Pflicht der Selbsterhaltung und der Wunsch zahlungsfähige Bürger zu bleiben, veranlaßt uns daher, diesen sich vergrößernden Nothstand unserer Innung Ew. Magnificenz Wohlgeb. vertrauensvoll und ehrerbietigst ans Herz zu legen; und damit die Beschwerdeanzeige zu verbinden, daß leider jetzt wieder einmal die Pfuscherei in unsere Innung alhier recht überhandgenommen hat, indem nicht bloß Schneider und Mützenmacher, sondern nun auch Nätherinnen und Putzmamsells, ingleichen beweibte Kürschnergesellen heimlich für andere Pelzwerk arbeiten.

Wenn ferner die jüdischen Schlafrockhändler den Verkauf dieser Kleidungsstücken im einzelnen weit über die erlaubte Messenszeit hinaus alhier betreiben und dies nicht stets gleich hart verpönt bleibt, so geschicht hierdurch unserer Nahrung ungemein großer Abbruch, denn es ist bey den Juden nun so weit gekommen, daß sie die hiesige Messenszeit auch noch dazu gebrauchen, daß sie erst hier die Schlafröcke fertigen und in und außer den Messen deren Verkauf bewirken lassen.

[1]) Akten die Kürschner betr. 1814–1841. Tit. 64. 359. Vol. I. Ratsarchiv zu Leipzig.

Den Grund aller dieser Beeinträchtigung glauben wir aber hauptsächlich in dem Umstande suchen zu dürfen, daß solche Kontravenienten, wenn wir wieder sie denunzierten und sie sich dagegen mit dem Mangel an Kenntniß von den uns diesfalls zuständigen Gerechtsamen entschuldigten, bisher nicht mit der gesetzlichen Strafe belegt wurden; letztere also niemals für andere ein abschreckendes Beyspiel werden konnte etc. etc."

Am 6. Dezember 1831 [1]) finden wir als Pfuscher aufgehoben drei Kürschnergesellen, einen Mützenmacher, einen Zobelfärber und einen Grützwarenhändler.

Vom 5. August 1831 [1]) findet sich ein Schreiben der Königl. Sächs. Landes-Regierung an den Stadtrath zu Leipzig anläßlich eines zwischen den Schneidern und Kürschnern zu Chemnitz entstandenen Streites über das Frisieren der Mützen mit Pelzwerk, in welchem die Leipziger Kürschner-Innung ersucht wird über den Begriff des Frisierens mit Pelzwaren Auskunft zu geben und zwar inwiefern sich daßelbe von dem Verbrämen mit Rauchwerk unterscheide, ob insonderheit zwischen diesen Bezeichnungen hinsichtlich der Breite des zu gebrauchenden Pelzstreifen ein Unterschied Statt finde und wie das Befugniß der Schneider diesfalls nach dem Vergleiche vom Jahre 1784 zu bestimmen sey, daß weiteren Irrungen hierüber vorgebeugt werde.

Hierauf erwidern am 4. Oktober 1831 die Leipziger Sachverständigen, daß hierorts der Ausdruck Frisur bey der Fertigung von Pelzmützen nicht gebräuchlich sey und daß die Kürschner in ihrem Handwerke bisweilen krause, lockichte Pelzwaaren, wie z. B. Krimmer, frisierte Waaren nennten, so daß das Wort „frisiert" in Beziehung auf das Produkt, nicht aber in Betracht der Arbeit gebraucht werde.

Als sodann den Herrn Sachverständigen, unter welchen sich auch zwei Schneidermeister befanden, die miteingesendeten Mützen vorgehalten wurden, erklärten sie einstimmig:

Daß die breiten Streifen von Pelz um die Mütze herum hierorts nicht anders als „Gebräme" genannt würden und eine Mütze mit solchen breiten Streifen besetzen, hieße „eine Mütze verbrämen", es möge nun dieser Streifen breit oder schmal seyn. Was die schmalen Streifen von Pelzwerk betreffe, welche über die Näthe an den Knöpfen der Mützen geheftet sind, so hieße das: „Die Mützen mit Pelzstreifchen besetzen oder garnieren". Und auch hier könne die breite oder

[1]) Akten die Kürschner betr. 1814—1841. Tit. 64. 359. Vol. 1. Ratsarchiv zu Leipzig.

schmale Beschaffenheit der Pelzstreifen eine Abänderung im Ausdrucke nicht bewirken.

Nun wurde den erschienenen Herrn Obermeistern der zwischen dem Kürschner- und Schneider-Handwerk zu Chemnitz am 5. Januar 1784 abgeschloßene Vergleich vorgelesen, und sie über dessen Inhalt befragt; von ihnen aber in völliger Übereinstimmung erklärt:

Sie hätten den Worten des ihnen vorgehaltenen Vergleichs nach die feste Überzeugung, daß der § 2 dieses Vergleichs sich gar nicht auf die Mützen, sondern auf Kleidungsstücke beziehe, und zwar um so weniger, als in diesem Paragraphen von altem Pelzwerke, von Aufschlägen und Überfüttern die Rede sey. Auch scheine diese ihre Meinung durch die Worte des folgenden Paragraphen zur Genüge unterstützt zu werden;

hierüber aber von den Kürschneroberältesten hinzugefügt:

Daß sie die Meinung hätten, daß das Wort „Frisieren" in diesem Vergleich nicht den Begriff „Verbrämen" substituieren und wiedergeben solle, weil außerdem sich die betreffenden Kürschnermeister eines sehr großen und hauptsächlichen Rechtes begeben haben würden, wenn überhaupt das Wort „Frisieren" in diesem Vergleich von Mützen gebraucht sein sollte.

28. November 1834 [1]).

„Wir Unterzeichnete erlauben uns, sowohl in Betracht der allgemeinen Städteordnung als auch und vorzüglich in unserem eignen Interesse, unsre verehrte Obrigkeit auf einen Unfug aufmerksam zu machen, welcher seit mehreren Jahren schon hier eingerissen, sich jetzt noch mehr zusehends erweitert. Es ist nehmlich sehr bemerkbar, daß von einer Messe zur anderen sich eine Menge sog. pohln. oder Brodyer Juden hier rumtreiben; und oft schon ist die Frage aufgeworfen worden, wovon sich nur diese Leute ernähren? Wir glauben nun diese Frage am besten folgendergestalt zu beantworten; wir müssen diese Menschen in zwo Classen theilen, wovon die 1ste sogenannte Commissionairs sich nennt und zwar übernehmen solche von ihren Landsleuten solche Waaren, welche letztre während der Messe nicht haben absetzen können, oder zur Messe nicht hier erlangen konnten; Nun ist es mehr als zu bekannt, daß diese Leute sich aller erdenklichen Wege bedienen, um nur ihren Endzweck zu erreichen; so animieren sie z. B. auswärtige Kürschner und Rauchhändler, die etwa während der Messe nach den oder jenen Artikeln gefragt haben, sich bei eintretendem Bedürfniß schriftlich an sie zu wenden und gewißer und prompter Bedienung gewärtig zu sein;

[1]) Akten die Kürschner betr. 1814–1841. Tit. 64. 359. Vol. I. Ratsarchiv zu Leipzig.

von einer Menge Belegen zu dem soeben gesagten führen wir nur zwei Beispiele an; es haben nehml: 1. ein gewisser Jacob Roßin aus Brody und 2. der Schreiber d. Hn. Heilbern u. Frenkel aus Brody, mit Nahmen Joseph Heilbern, ganz kürzlich Astrachanfelle u. d. g. nach Frankfurt a./M. und anderwärts hin von hier aus versendet p. p.

Die zweite Classe dieser Israeliten haben sich den Nahmen Mäkler zugelegt und usurpieren selbigen, indem sie von Seiten der Börsen-Vorsteher nie dafür anerkannt werden! Diese nun treiben sich anhaltend in den Straßen und namentlich im Brühl auf und ab, spähen jeden hiesigen und aus den Umgebungen etwa nach hier kommenden Kürschner aus und führen ihn, um ein Makelgeld zu verdienen jenen Commissionairs zu; ein anderer Theil ihrer Beschäftigung besteht darinnen, gemeinschaftlich mit jenen Commissionairs ihre Brodyer Committenten mit dem hies: Gang der Geschäfte durch fleißige Correspondenz bekannt zu machen.

Daß nun dieses hier kürzlich geschilderte Treiben dieser sich ganz widerrechtlich hier aufhaltenden Juden äußerst nachtheilig für uns ist, leuchtet von selbst ein; jedoch erlauben wir uns nur einige Belege dazu hier beizufügen: 1) da es freilich nicht thunlich ist, daß die Brodyer Verkäufer ihre nördl. Pelzwaaren wieder zurückführen können, so könnten sie denn doch die Commission davon einem hies: Rauchwaarenhändler oder Kürschner-Mstr. ertheilen, welches ehedem auch geschah; 2) erinnern sich mehrere von uns, daß ehedem namentlich aus Seehäfen kleinere oder größere Parthieen Rauchwaaren an hies: Handelshäuser eingeschickt wurden; diese verhandelten oder übertrugen den Verkauf derselben an einen unserer Meister und so hatte mancher von ihnen einen Verdienst; dahingegen jetzt alle ähnlichen Geschäfte durch die aus obbenandter 2ten Classe sich außer der Messe hier aufhaltenden und alles ausspähenden sogen: Mäkler abgemacht werden p. p.

Da uns, die wir doch unsre bürgerlichen Steuern und Abgaben zu entrichten haben, durch obengeschilderte jüdische Commissionairs und Mäkler, die zu den allgemeinen Lasten nichts beitragen als daß sie etwa alle 14 Tage ihr Aufenthaltskarte renovieren, ein empfindlicher Abbruch in unsren Geschäften gemacht wird, so ergehet unsere gehorsamste Bitte an unsre verehrte Obrigkeit etc. etc."

Am 26. Juli 1853 [1])

fragte die Königliche Kreis-Direktion zu Zwickau durch den Leipziger Stadtrath bei der Leipziger Kürschnerinnung an, ob sie folgendes Meisterstück für die neuen Specialartikel für eine Kürschnerinnung für geeignet hielt:

[1]) Akten die Kürschner betr. 1842–1859. Tit. 64. 359. Vol. II. Ratsarchiv zu Leipzig.

a) ein graues inländisches Kaninfutter aus 60 Kaninrücken,
b) ein dergleichen Wammenfutter aus 60 Wammen (mit selbst gewachsenen Schlössern)[1],
c) ein ordentlicher Mannespelz aus drei inländischen Schaaffellen.

Diese drei Stücke soll der Stückmeister binnen vier Wochen fertigen und es ist ihm freigestellt, ob er das unter a) gedachte Kaninfutter oder statt dessen einen Schuppen-„Waschbär-"Pelz fertigen und zu dem Mannspelze unter c) statt der vorgeschriebenen drei Schaaffelle Ukrainer oder Isländische Schmassen verwenden will.

Die Kreis-Direktion wünscht ein sachverständiges Gutachten darüber zu vernehmen, ob die vorerwähnten Stücke als zur Beurtheilung der Geschicklichkeit des Stückmeisters geeignete und sonst passende mithin als solche sich darstellen, welche gegenwärtig im gemeinen Gebrauch und deshalb leicht an den Mann zu bringen, nicht allzukostbar und gleichwohl die Geschicklichkeit des Stückmeisters zu prüfen hinlänglich sind etc. etc.

Hierauf erwidert die Leipziger Kürschnerinnung am 5. Aug. 1852 durch zwei ihrer Meister folgendes:[2])

„Die hier vorgeschlagenen Probestücke
1) ein graues inländisches Kaninfutter aus 60 Kaninrücken
2) ein dergl. Wammenfutter aus 60 Wammen mit selbst gewachsenen Schlössern

halten wir zwar geeignet für die Tüchtigkeit eines Stückmeisters darzuthun, auch nicht für zu kostbar, allein nicht für zeitgemäß, weil Kanin nicht beliebt und deshalb nicht leicht an den Mann zu bringen ist. Es härt sich zumeist und zerreißt bald.

Dagegen können wir nicht annehmen, daß aus drei inländischen Schaaffellen ein ordentlicher Mannspelz gefertigt werden könne, selbst eine Jacke wird aus nur drei Fellen nicht wohl gemacht werden können.

Die Zeit der Anfertigung des Stückes „vier Wochen" halten wir, selbst wenn das Zurichten der Felle dem Stückmeister mit obliegt, für ausreichend, können aber nicht unbemerkt lassen, daß die Zurichtung der Kaninfelle nur an wenigen Orten (Breslau, Lissa und früher noch in Plauen) betrieben wird und mancher tüchtige Arbeiter damit nicht bekannt ist.

Zweckmäßiger erscheint uns, wenn an die Stelle der vorgeschlagenen Stücke folgende gesetzt werden:

[1]) Jedenfalls aus Pelz hergestellte zum Verschlus dienende Riegel, (Pelzriegel) nach Art der Pikeschenschnüre.

[2]) Akten die Kürschner betr. 1842–1859. Tit. 64. 359. Vol. 2. Ratsarchiv zu Leipzig.

1) statt des sub 1 gewesenen Rückenfutters: ein Futter aus weißen isländischen Schmaßen
2) statt des sub 2 erwähnten Wammenfutters: ein Waschbärpelz, der, wenn er aus billigern Sorten gewählt wird, nicht zu kostbar ist und auch in einer kleinern Stadt leichter an den Mann gebracht werden kann,
   endlich
3) statt eines Pelzes aus 3 Fellen: ein Mannspelz aus 9—10 inländischen Schaaffellen unter Vorschrift der Länge und Weite des Pelzes.

Statt der Schaaffelle Ukrainer Lammfelle zu nehmen, scheint uns nicht zulässig; denn letztere geben nur ein Unterfutter, das noch überzogen werden muß, während die Schaaffelle einen Pelz geben, der auch ohne Überzug getragen werden kann.

Schließlich können wir nicht unerwähnt lassen, daß bei unserer Innung der Stückmeister auch
eine Pelzmütze und
ein paar Pelzhandschuhe
und zwar erstere von beliebiger Form und Zuthat zu fertigen hat, Stücke, die auch in einer kleinern Stadt leicht verkäuflich sind etc. etc.“

Leipzig den 16. Februar 1855[1])
ging eine Beschwerde gegen den Bürger und Mützenmacher Berger ein, weil er eine Pelzmütze mit 4½ Zoll breitem Pelzrande verkauft hatte, während dieser Pelzstreifen, wie wir aus derselben Beschwerde ersehen, nach einem Regulativ vom 12. Dezember 1834, nur 1½ Zoll breit sein durfte. (Er hatte eine Wintermütze mit Bisamklappen für den Preis von 2 Mk. 20 Pfg. verkauft.)

Am 16. Februar 1855[1])
wurde der Bürger und Mützenmacher Witzleben vom Obermeister der Kürschner angezeigt, weil er eine polnische Mütze von Astrachan-Fell verkauft hatte.

d. Die historische Arbeitsteilung.

Dem Leser, welcher sich durch den vorigen Abschnitt glücklich ohne zu ermüden hindurchgewunden hat, wird es nicht schwer fallen, die verschiedenen Entwickelungsphasen im Kürschnergewerbe zu erkennen. Ich habe es für das Beste gehalten, die Quellen resp. die Leute selbst reden zu lassen. Sie wußten am besten wo sie der Schuh drückte und schütteten in ihren Eingaben an den Rat oder eine sonstige

[1]) Akten die Kürschner betr. 1842–1859, Tit. 64. 359. Vol. II. Ratsarchiv zu Leipzig.

Obrigkeit ihr Herz im vollsten Maße aus. War ihr Verlangen nun billig oder unbillig, immer zeigt es uns die bestehenden Verhältnisse in vollster Klarheit.

Wir finden also die Kürschner zuerst im Kampfe mit anderen Handwerken, namentlich mit den Schneidern, — Huter und Schumacher kommen kaum in Betracht, — und mit den Handel treibenden Kramern, hauptsächlich den Barettkramern. Den Rohstoff kaufte der Kürschner, soweit dies möglich war, vom Produzenten selbst, sonst vom Händler. Er selbst handelte ebenfalls mit Rauchwaren. Zuerst ausschließlich mit fertiggestellten Artikeln, nur während der Messe und nur auf dem Pelzhause. Dieser Handel in der Messe, welcher die Möglichkeit eines größeren Absatzes bot, sowie die im Kürschnergewerbe, als einem Saisongewerbe, vorhandene lange tote Zeit im Sommer führten Arbeiten auf Vorrat herbei, welche ihrerseits das Entstehen einiger Ansätze zur Arbeitsteilung innerhalb des Gewerbes selbst begünstigten. Immer mehr vergrößerte sich das Gebiet der Handelsthätigkeit im Gewerbe. Hatten früher die auswärtigen Händler zahlreiche eigene Faktoren in Leipzig, so übernahmen später die Kürschner selbst die Funktionen derselben.

Hand in Hand mit dieser immer größeren Ausbreitung des Handels bei einem Teile des Leipziger Kürschnergewerbes und dem hieraus resultierenden größeren Absatz und Bedarf ging eine rationellere Verwendung der zur Verfügung stehenden außerhalb der Zunft befindlichen Gewerbeglieder. Es entwickelte sich der Manufakturbetrieb. Die Brücke zur Großindustrie war beschritten.

So ging der Kürschner schon frühzeitig zum Manufaktursystem über, jedoch nur der größere handeltreibende und auch dieser nicht in so intensiver Weise, um die Konkurrenz seitens der außerhalb des Gewerbes stehenden Kramer aussichtslos erscheinen zu lassen. Es war noch kein fester zahlreicher Stamm hausindustriell thätiger Personen vorhanden. Er war erst in der Entwickelung begriffen. Andererseits verhinderten die von den übrigen Gliedern des Gewerbes ausgehenden, den in dieser Weise thätigen Kürschnern erwachsenden, Scheerereien eine Überhandnahme dieser Betriebsform in großem Umfange. Veranlaßt wurde der Übergang der größeren Kürschner zum Verlagssystem durch die denselben in diesem Punkt vorangegangenen Barettkramer, Galanteriewarenhändler etc., welche stellenlose oder alte und gebrechliche Kürschnergesellen und Galanteriearbeiter für geringen Lohn in deren Wohnungen arbeiten ließen. Den Rohstoff erhielten sie vom Händler, Werkzeug stellten sie selbst.

So finden wir schon überall Ansätze zur sozialen Differenzierung, sowohl vorläufig im kleinsten Maßstabe in den kleinen Meistern im Verhältnis zu den großen, welche Handwerk und Handel in ihrer Hand vereinigten, wie besonders und als Ansatz zu neuen sozialen Gebilden von hervorragender Bedeutung in den außerhalb der Zunft stehenden Gesellen. Hervorgerufen war diese letztere schroff hervortretende Differenzierung durch die Zünfte selbst, welche den Gesellen das Meister werden außerordentlich erschwerten, ihnen das Heiraten untersagten und sie auf alle mögliche Weise in abhängiger Stellung zu erhalten suchten. So wurde am 30. Juni 1657 [1]) anläßlich des Meistergesuchs des Postboten Anton Erstenberger, welcher das Kürschnerhandwerk erlernt hatte und eines Meisters Sohn war, von der Innung darauf hingewiesen, daß bereits 45 Meister in Leipzig ansässig seien und daß es ihnen schon jetzt schwer falle, Weib und Kind zu ernähren. Sie ersuchte deshalb das Gesuch zurückzuweisen. Überall wurden durch diese Maßregeln die Gesellen vielfach aus der Zunft hinausgedrängt und dadurch in einen starken Gegensatz zu derselben gebracht, so daß man wohl sagen kann, daß die Zünfte selbst durch ihr Verhalten das Entstehen einer in feindseligem Verhältnis zu ihnen stehenden sozialen Klasse begünstigt haben. Diese billig zur Verfügung stehenden Arbeitskräfte riefen schon frühzeitig einen gewissen Manufakturbetrieb, eine neu eintretende Arbeitsteilung hervor, ließen aber dieselbe nicht zu einer Berufsteilung, sondern zu einer Arbeitszerlegung [2]) auswachsen. Die Bildung einer eventuellen Berufsteilung verhinderten außer anderen später erwähnten Umständen Mangel an Geld und die hieraus sich ergebende abhängige Lage vom Auftraggeber. Diese Gesellen waren Glieder des Gewerbes, aber nicht des zünftigen Handwerks. Sie wurden von den Zunftangehörigen ihres eigenen Gewerbes, sowie von Händlern beschäftigt. Sie standen sozial nicht auf der Stufe des Handwerkers, sondern waren streng von denselben geschieden. Sie, sowie die außerhalb der Zunft stehenden Gesellen sonstiger Gewerbe, bildeten den Grundstock des in der Folgezeit neu entstehenden vierten Standes.

Bis zu diesem Zeitpunkt, bis zum dreißigsten Jahre des neunzehnten Jahrhunderts geht die Vergrößerung des Produktionsgebietes im Kürschnergewerbe, die Arbeitsvereinigung. Der Kürschner vereinigte die Thätigkeit des Handwerkers, des Manufakturisten und des Kommissionärs in seiner Person. Allerdings nur der vermögende, der kleine war von diesen Glücksumständen ausgeschlossen. Jetzt beginnt die allmähliche Zerreißung des Produktionsgebietes. Die Zeit der Arbeitsvereinigung ist vorüber, die der Arbeitszerreissung beginnt. Ein Teil des Produktionsgebietes nach dem anderen bröckelte ab. Zuerst der Kommissionshandel. Die durch die Entdeckung und wirtschaftliche Erschließung Amerikas

[1]) Acta die Kürschnerinnung betr. 1599–1786. Tit. 61. 72. Vol. I.

[2]) Vgl. Bücher: Die Bevölkerung von Frankfurt am Main. S. 228 u. 229.

hervorgerufene enorme Vergrößerung des Marktes beanspruchte eine weit größere Arbeitsleistung und kaufmännische Routine als früher. Der Kürschner, durch seine vielseitige Thätigkeit zu sehr in Anspruch genommen, um allen Zweigen des Arbeitsgebiets gleichmäßig seine ganze Kraft widmen zu können, sah sich genötigt, Teile seines Produktionsgebietes, also entweder das Handwerk oder den Handel, fallen zu lassen. Es beginnt die systematische kaufmännische Organisation des Marktes, und zwar zuerst durch polnische Juden, welche sich als Kommissionäre in Leipzig niederließen und dem Handel der Kürschner großen Schaden zufügten.

Selbstverständlich ging mit der Hereinziehung verschiedener Arbeitsgebiete eine starke Erhöhung des Kapitalerfordernisses Hand in Hand, so daß der kleinere Kürschner den Zeitumständen und der Mode, welche tuchene Mützen in dieser Zeit bevorzugte, Rechnung tragend, sich mehr und mehr der weniger Kapital erfordernden und von den Schwankungen der Conjunctur unabhängigen Mützenmacherei zuwandte. Immer mehr verlegte er den Schwerpunkt seines Geschäftes auf diesen Teil seines Produktionsgebietes. Der Kürschner wurde Mützenmacher und blieb es bis in die Mitte der achtziger Jahre, wo ihm auch dieser Teil seines Arbeitsgebietes durch die neu entstandene Mützenfabrikation wieder entrissen wurde. Heute kann der größte Teil der Kürschner keine Mützen mehr machen. Andererseits bot sich in der ersten Hälfte unseres Jahrhunderts ein Ersatz für den verloren gegangenen Rauchwarenkommissionshandel in dem von nun an in immer größerem Maßstabe auftretenden schon früher erwähnten Manufaktursystem, welches jedoch von den Kürschnern nicht in genügendem Maße gewürdigt wurde, so daß ihnen später die neu entstandenen Konfektionsgeschäfte den Rang streitig machen konnten, sowie in den neu entstehenden Zurichtereien und Färbereien. Letztere beiden, namentlich aber die Zurichtereien erleichterten dem unvermögenden unternehmenden Kürschner, welcher die nötige Anpassungsfähigkeit besaß, die Erlangung der Selbständigkeit. Das zur Kürschnerei nötige hohe Kapitalerfordernis, Lager, Laden und Lage des letzteren in guter Geschäftsgegend fielen weg. Thatsächlich sind viele der heutigen größeren Kürschner zuerst lediglich als kleine Zurichter thätig gewesen. Jedoch nicht nur die Zurichtereien boten dem strebsamen jungen Meister Gelegenheit zum Fortkommen, sondern ebenso die übrigen, durch die weitgehende Arbeitsteilung neu entstandenen Arbeitsgebiete, die Herstellung von Spezialitäten, wie Bisam-Futter-Artikel etc. . . Ferner übernahmen die Kürschner neben ihrer eigentlichen Handwerksthätigkeit Fabrikate, welche sie weder selbst angefertigt hatten noch auf eigene Rechnung hatten anfertigen lassen, wie Stöcke, Schirme, Hüte etc. zum Laden-Verkauf. Sie ersetzten den verloren gegangenen Rauchwarenkommissionshandel durch einen mehr oder weniger umfangreichen Detailhandel mit eben genannten Gegenständen.

Innerhalb der sich bis in den Anfang unseres Jahrhunderts erstreckenden Arbeitsvereinigung waren nun, wie wir schon gesehen haben, verschiedentliche Ansätze zur Arbeitsteilung entstanden. Ich habe die Bezeichnung Ansätze gewählt, weil sich die Arbeitsteilung im Rahmen des Gewerbes selbst abspielte. Es entstanden keine neuen selbständigen Erwerbszweige.

Während das Kürschnergewerbe im Norden Deutschlands und in Dänemark schon in früher Zeit streng in zwei besondere Abteilungen geschieden war, nämlich in Buntfutterer und Pelzer, welch' letztere Lamm- und Schaffelle zurichten, verarbeiten und verkaufen durften, wogegen den Buntfutterern der Handel mit diesen Fellen verboten war, und während im Osten Deutschlands der Name Grauwerker daran erinnert, daß diese Kürschner besonders zur Bearbeitung des sogenannten Grauwerks, russischer Eichhörnchenfelle, berechtigt waren, findet sich in Leipzig keine derartige Specialisation. Noch stellte jeder Kürschner jede Ware in allen ihren Teilen selbst her. Trotzdem war schon eine ziemlich weitgehende Arbeitsteilung eingetreten, aber diese Anfänge der Specialisation blieben innerhalb des zünftigen Gewerbes.

Die ersten in das Auge fallenden Erscheinungen dieser Art sind der Stuckwerker und der Taffelmeister. Der Stuckwerker richtete zu, der Taffelmeister machte Tafeln. Beide traten nicht als selbständige Personen aus dem Rahmen des Gewerbes heraus, sondern waren Gesellen des Kürschners.

Der Zurichteprozeß befand sich also noch völlig in der Hand des Kürschners. Doch halfen sich hier die Meister gegenseitig aus. So ließ der eine in dringenden Fällen vom anderen einige Waren zurichten, oder er lieh sich einen Gesellen, eben unseren Stuckwerker, was aber nicht länger als zwei Tage und nur zum Fleischen (zurichten) gestattet war. Von Landmeistern etwas zurichten zu lassen, war streng untersagt. In den Innungsartikeln vom Jahre 1499 finden wir über den Stuckwerker folgendes: „Es kann auch der Meister in Fällen der Not Stuckwerk geben, doch nur zum Fleischen und nicht zum gerben, ausgenommen Wolfshäute und konnelyne, die darf auch der Stuckwerker gerben.“ Eine weitere Notiz vom Jahre 1598 bemerkt: „Wenn einer zu liedern hat, soll er von denen den Stuckwerker nehmen, und so der Gesell abgeliedert hat und wollte noch weiter liedern, soll es ihm nachgelassen sein, da er aber wieder mit der Nadel arbeiten will, soll er seinem ersten Meister zu arbeiten verpflichtet sein.[1])

[1]) Verschiedenes die Kürschnerinnung betr. 1543–1710. Tit. 61. 273. Ratsarchiv zu Leipzig.

Ferner finden wir im Ratsbuch No. 21, S. 54 b vom Jahre 1565: „Lezlichen aber so soll kein Meister, welcher seine Werkstadt vol hat, über zween tage in der wochen einen Taffelmeister halten und nicht mehr, wyl er aber stets einen Taffelmeister halten, so soll er eines Gesellen müßig gehen, ausgeschlossen leibeskrankheit.“ Weiter an derselben Stelle: „Welcher meister einem andern meister stuckwerg geben will, der sol auch eines Gesellen müßig gehen, und wer da Stückwergk nimmt, derselbe Meister soll über einen Gesellen nit halten.“

Man wollte verhindern, daß die Zurichterei von einzelnen Meistern als besonderes Gewerbe betrieben wurde. Daß diese Maßregeln ihren Zweck verfehlten, sehen wir aus zahlreichen Beschwerden verschiedenen Inhalts, so außer anderen aus einer vom Jahre 1630, in welcher die älteren Meister den jüngeren Meistern vorwarfen, daß sie nuhr allein futter und keine andere wahre machen, etliche auch wohl in vielen Jahren kein einig stück, es sey auch so gering als es wolle, zugerichtet.“ [1])

Mit dem Taffelmeister verhält es sich ähnlich wie mit dem Stuckwerker, nur scheint er, wie die Bemerkung vom Jahre 1565 andeutet, bei den einzelnen Meistern herumgegangen zu sein. Auch war er, wie es scheint, eine wichtigere und seltenere Persönlichkeit wie der Stuckwerker. Eine in den Zunftartikeln wiederkehrende Bestimmung, daß eine Wittwe einen Taffelmeister aus jeder Werkstatt, aus welcher sie will, als Gesellen zu sich holen kann, läßt dies deutlich erkennen.

Der Stuckwerker und Taffelmeister waren also Gesellen, denen Beiwerk gestattet war. Sie bildeten ein Mittelglied zwischen Meister und Gesellen und rekrutierten sich wohl vielfach aus solchen, welche ihrer Mittellosigkeit halber oder aus anderen Gründen die Meisterprüfung nicht machen konnten und sich auf die Anfertigung von Halbfabrikaten im Lohnwerk beschränkt sahen, also die Vorläufer unserer heutigen Zurichter und Sackreißer bildeten. Allerdings mit dem Unterschied, daß sie infolge der schon genannten Bestimmungen, nach welchen Barettkramer und andere Gewerbe, welche mit Rauchwerk zu thun hatten, nur zugerichtete Waren verwenden durften, ausschließlich für den Kürschner arbeiteten; während der heutige Zurichter hauptsächlich für Händler, aber auch für Kürschner und Konfektionäre arbeitet.

Im Jahre 1565 also war die Zersetzung des Gewerbes schon so weit vorgeschritten, daß sich die Innung veranlaßt sah, dagegen einzuschreiten. Verschiedene Meister machten nur Futterartikel und richteten nichts zu, sondern ließen alles bei anderen Meistern oder vom Stuck-

[1]) Verschiedenes die Kürschnerinnung betr. 1543–1710. Tit. 61, 273. Ratsarchiv zu Leipzig.

werker zurichten. In der Regel scheint der größere Kürschner seine Ware dem Stuckwerker oder kleineren Kürschner zum Zurichten gegeben zu haben. Alle Bestimmungen dagegen halfen nichts. So war durch diese im Gewerbe selbst betriebene Art der Arbeitsteilung durch Taffelmeister und Stuckwerker der Boden gepflügt und fähig, sobald die anderen noch fehlenden Bedingungen hinzutraten, die Saat der Großindustrie aufzunehmen. Es erscheint das Kürschnergewerbe in seinen ersten Produktionsstadien quasi praedestiniert zum Großbetrieb. Die enge durch die eigenartige Natur des Rohstoffs bedingte Verquickung des Gewerbes mit dem Handel führte zu einer besseren Regelung des Absatzes, trug dazu bei, den Blick zu erweitern, regte infolgedessen den Unternehmungsgeist an und beförderte die Ansammlung von Kapitalien, welche als unumgänglich nötige Vorbedingung zum Großbetrieb anzusehen sind. Die frühzeitig eingetretene Arbeitsteilung beweist die bereits vorhandene Anpassungsfähigkeit der Meister und regte in der Folge zur immer weiteren Ausbildung des Anpassungsvermögens an. Sie förderte die Schulung und Heranbildung für den Großbetrieb geeigneter Arbeitskräfte. Es kommt hinzu, daß sich der Rohstoff, d. h. die einzelnen Felle, in denselben typischen Formen bewegt. Ein Schaffell z. B. wird zugerichtet wie das andere, ein Zobel wie der andere u. s. f. Allerdings bestehen zwischen den verschiedenen Arten von Fellen gewisse Verschiedenheiten, welche die Herstellung von Spezialitäten und eine Trennung in Wildwaren- und Schafwaren-Zurichter herbeiführten.

Wie ist nun diese Arbeitsteilung entstanden und auf welche Motive ist sie zurückzuführen? In erster Linie wohl auf die im Kürschnergewerbe vorhandene lange tote Zeit im Sommer, welche der Kürschnermeister möglichst zu verwerten und für sich lohnend zu gestalten suchte. Er begann auf Vorrat zu arbeiten. Zweitens auf die Messe, welche ihm den Absatz der auf Vorrat gearbeiteten Artikel ermöglichte. Um nun die Arbeitsleistung seiner Arbeitskräfte auf eine möglichst hohe Stufe zu bringen, beschäftigte er, die Vorteile der Arbeitsteilung wohl einsehend, Gesellen, welche sich durch besondere Geschicklichkeit im Zurichten auszeichneten, lediglich als Zurichter und solche, welche sich im Zuschneiden hervorthaten, als Taffelmeister. Andererseits ließ er die rohen Waren, wenn seine Arbeitslast so groß war, daß er sie mit seinem Personal nicht zu bewältigen vermochte, oder auch aus anderen Gründen von anderen Meistern zurichten. Es entstanden auf diese Weise Meister, welche sowohl größtenteils zurichteten, als auch solche, welche in der Hauptsache nur Futterartikel herstellten. Letztere ließen den Rohstoff von dem nur zurichtenden Meister zurichten.

Die Ursache nun, daß diese Ansätze zur Arbeitsteilung nicht zur Berufsteilung auswuchsen, ist in dem Umstand zu suchen, daß nicht für das Publikum gearbeitet werden konnte. Der Zurichter war auf den Kürschner angewiesen und würde stets abhängig von demselben gewesen sein. Er hätte die zum Zurichten bestimmten Felle vom Kürschner erhalten, da es für das Publikum, wegen der zum Roheinkauf unbedingt nötigen und doch nicht vorhandenen Fachkenntniß, zu riskant gewesen wäre, denselben selbst zu besorgen und weil es außerdem zu lästig gewesen wäre, erst die rohen Felle vom Kürschner zu kaufen, sie dann dem anderen Meister zum Zurichten zu bringen und von da zur weiteren Verarbeitung wieder zum Kürschner. Andererseits war der Absatz auch der der größeren Kürschner und Barettkramer nicht groß genug, um das Entstehen eines neuen Erwerbszweiges zu begünstigen. Es war von den Kürschnern stets eine starke, namentlich in der langen toten Zeit im Sommer hervortretende und voraussichtlich höchst nachteilig wirkende, Konkurrenz zu erwarten. So beförderte die Eigenschaft des Kürschnergewerbes als eines Saisongewerbes einerseits die Arbeitsteilung, indem sie zur Zeit des besten Geschäftsganges die rationellste Ausnutzung der Arbeitskräfte erforderte, während sie andererseits in der toten Zeit denselben Arbeitskräften die Verwertung ihrer Arbeitskraft auf eigene Faust, also im eigenen Interesse, auf ein Minimum reduzierte. Es fehlte in der Hauptsache der internationale Absatz. Ferner war der Widerstand des größten Teiles des Gewerbes selbst von großem hemmendem Einfluß. Die vollständige scharfe Lostrennung dieser Produktionsstadien konnte also erst mit lohnender Massenfabrikation, mit dem Entstehen des modernen Großbetriebes eintreten. Zum Betrieb desselben genügte der lokale Absatz nicht und wir werden sehen, daß sich sofort mit der Erschließung des ausländischen Marktes für Leipziger Halbfabrikate, der Großbetrieb mit überraschender Schnelligkeit der allgemeinen Herstellung dieser Artikel bemächtigte.

In dem Stuckwerker und Taffelmeister haben wir also die ersten Anfänge der technischen Seite der Arbeitsteilung im Leipziger Kürschner-Gewerbe vor uns, und zwar zeigt sich in diesem Teile der Entwickelung ein zum Teil durch die Zunftorganisation und den Widerstand eines großen Teiles des Gewerbes hervorgerufener jahrhunderte langer, wenn nicht Stillstand so doch langsamerer Gang der Entwickelung, als er bei freierer Entfaltung der Kräfte eingetreten wäre und welcher erst in unserem Jahrhundert durch den Handel und die auf eine hohe Stufe der Leistungsfähigkeit gebrachten Verkehrsverhältnisse, welche den internationalen Absatz zur Folge hatten, den ersten Anstoß zur weiteren Fortbildung erhielt.

Das Färben der Rauchwaren war in der Innung verpönt, da es in der Regel nur angewandt wurde, um eventuelle Schäden schlechter Felle zu verdecken. Da aber fremde Kürschner vielfach Gebrauch davon machten z. B. Rotte Hamster graw. Rotte Otter braun, braune Marder sambt den schwentzen den anderen mardern gleich und andere futter färbten und dieselben betriglicher weisse vor gutte marder verkauften, so sahen sich die Kürschner am 23. Juli 1572 genötigt den Kurfürsten um Erlaubnis zu bitten auch ihnen das Färben zu gestatten. Das Gesuch wurde auf Grund der Innungsartikel abgeschlagen mit der Motivierung, daß dadurch der Keuffer nicht belistigt werde einem handtwerge zu nachteill [1]). Die Innungsartikel wurden nun umgangen und von vielen Kürschnern wurden, wie wir aus verschiedenen Eingaben sehen, trotz des Verbotes viele minderwertige Waren heimlicherweise gefärbt. So ging es bis zum Jahre 1713 [2]), in welchem wir einen Kürschner finden, welcher, wahrscheinlich durch besondere Geschicklichkeit veranlaßt, die Zobelfärberei neben seiner Kürschnerei betrieb. Es ist Anton Erstenberger in der Ritterstraße. Er ist Oberältester der Kürschnerinnung. Seine Werkstätten für beide Betriebe hat er in seinem Hause. Die Zobelfärberei hat sich also teilweise von der anderen von den Kürschnern betriebenen Rauchwarenfärberei getrennt. Im Jahre 1721 finden wir 3 —, 1723 — 4 und 1747 — 5 Zobelfärber vermerkt. Über diese Zahl sind sie nicht hinausgekommen. Es gab

im Jahre	Zobelfärber	im Jahre	Zobelfärber
1713	1	1798	2
1714	1	1800	2
1715	1	1810	2
1716	—	1820	1
1721	3	1830	1
1723	4	1840	1
1736	4	1850	1
1746	3	1860	3
1747	4	1861	4
1752	3	1862	4
1757	2	1863	4
1770	4	1864	4
1780	2	1870	2
1786	3	1872	2
1789	2	1874	2
1790	2	1880	—.

Aus dieser geringen Zahl der Zobelfärber geht hervor, daß der größte Teil der Kürschner seine Zobel selbst färbte, daß also die Tren-

[1]) Verschiedenes die Kürschnerinnung betr. 1543 1710. Tit. 64. 273. Ratsarchiv zu Leipzig.

[2]) Adressbuch der Stadt Leipzig. 1713.

nung der Zobelfärberei von der Kürschnerei keineswegs als vollständig durchgeführt anzusehen ist. Im Jahre 1880 finden wir keinen Zobelfärber mehr, dagegen 3 Rauchwarenfärbereien. Die gesamte Rauchwarenfärberei ist jetzt aus den Händen der Kürschner in die Hände der großen Rauchwaren-Zurichtereien und Färbereien übergegangen und die Zobelfärberei mit übernommen worden.

Von großer Bedeutung war die Handelsthätigkeit unseres Gewerbes, und zwar aus folgenden Gründen. Erstens wegen der eigenartigen Natur des Rohstoffs. Denn da mit zunehmender Civilisation und entsprechender Vergrößerung des Marktes an eine Deckung des Bedarfs durch die Umgebung nicht mehr zu denken war, derselbe also aus weiterer Ferne herbeigeschafft werden mußte, sah sich der Kürschner genötigt, schon in früher Zeit die Hilfe des Kaufmanns in Anspruch zu nehmen. Fremde Länder konnte er nicht aufsuchen, um sein Rohmaterial direkt einzukaufen. Dazu fehlte ihm Kapital und Zeit. Sein Geschäft fremden Händen zu überlassen, war unmöglich. Auch reichte die geschäftliche Routine des damaligen in kleinen engbegrenzten Verhältnissen lebenden Kürschnermeisters kaum zu derartigen größeren Unternehmungen aus. Da griff der Kaufmann ein. Begünstigt wurde diese Einschiebung des Händlers zwischen Rohstoffproduzenten und Handwerker durch die Messe. Dies ist der zweite Punkt, welcher dazu beigetragen hat, dem Kürschner den ersten Teil des Produktionsstadiums, den Einkauf des Rohstoffs direkt vom Produzenten zu entreißen, weiterhin aber die Handelsthätigkeit des Meisters zu stärken und das Eindringen des Kapitals in das Gewerbe zu erleichtern.

Immer mehr kommt der Kürschner davon ab, seinen Rohstoff vom Produzenten, selbst da, wo er mit demselben direkt in Verbindung treten könnte, einzukaufen. Immer mehr nimmt er die Hilfe des Kaufmanns in Anspruch, und bald ist der Rauchwarenhändler als alleiniger Lieferant des Rohstoffs für das Kürschnergewerbe anzusehen. Einmal in den alleinigen Besitz dieses Arbeitsstadiums gelangt, liegt es für ihn nahe, auch andere Teile des Arbeitsgebietes an sich zu reißen. Andererseits vergrößerte die Messe den Absatz, bewirkte also, daß der Kürschner schon in früher Zeit über den lokalen Bedarf hinaus arbeitete und im Anschluß hieran, so weit es die damaligen Verhältnisse erlaubten, schließlich exportierte. Damit ist die Grundlage der Existenzfähigkeit größerer Betriebe, in unserem Falle speziell der heutigen großen Kürschnereien, kurz gesagt des Großbetriebes gegeben. Ferner übernahm der Kürschner die Funktionen des heutigen Kommissionärs. Dieselben lagen zuerst in den Händen der Faktoren, wurden denselben aber vielfach durch die Chikanen der eifersüchtigen Bürger entrissen und allmählich von Kürschnern übernommen. Immer größer wird die Verschmelzung von Handel und Gewerbe und immer mehr wird hierdurch der Zersetzungsprozeß des alten Handwerks begünstigt und beschleunigt. Derjenige Kürschner, welcher kaufmännisches Wissen und kaufmännische Routine mit großer Fachkenntnis verband, sah die Möglichkeit vor sich, sein Geschäft bedeutend auf Kosten seiner Handwerksgenossen zu vergrößern, allerdings mit entsprechend größerem Personal. Dies wurde von der Zunft durch die vorgeschriebene beschränkte Gesellenzahl über eine gewisse Grenze hinaus verhindert, mußte jedoch nach Fallen der Zunftschranken in verstärktem Maße eintreten.

So sehen wir schon im Anfang des siebzehnten Jahrhunderts das Kürschnergewerbe teilweise, und zwar nicht zum kleineren Teile, als ausgeprägtes Handelsgewerbe vor uns. Nun ist aber zu bemerken, daß dieser Handel, wo er sich auf den Rohstoff erstreckt, lediglich als Kommissionshandel aufzufassen ist. Der Kürschner vermittelte zwischen den fremden und eventuell auch einheimischen Rauchwarenhändlern einerseits und sowohl hiesigen wie fremden Kürschnern und kleinen Händlern andererseits. Der eigentliche Rauchwarenhandel dagegen war fest in den Händen der Rauchwarenhändler. Außerdem handelte er mit nicht selbst gefertigten Waren, namentlich mit Fehemützen. Sehr klar und anschaulich schildern diesen letzten Handel mit fertigen Waren in einer Eingabe an den Rat vom 28. September 1630 die handeltreibenden Kürschner, veranlaßt durch eine Beschwerde der jüngeren und ihrer ungünstigen Vermögensverhältnisse halber vom Handel ausgeschlossenen Meister, welche letzteren als schädlich für das Gewerbe beseitigt sehen wollten. Die erwähnten Punkte sind:

So viel nuhn die materialia der verhaltung bedrifft beruhet dieselbe auff 5 puncten. 1) Das die wieder ihren vndt Consortes selbst nutzen nahr zum schaden der beclagten Clagende Junge meister Dunckel geclagt vndt gebeten, das kein meister von dem andern solte mützen, beltze vundt andere zu kleidern gemachte arbeit kauffen vundt verkauffen, welche Clag zum E. E. Raht decidirt zu haben sich erkläret, da doch die beclagten darüber noch nicht gehöret sein, darümb beclagte sich auch daran gantz nicht binden lassen können, sondern bitten fernere deliberation erwegung vundt erkentnüs, können auch wohl leiden, Das sie die beklagte rechtlich endscheiden werden.

2) Das sie die Cläger geclagt Es solte innerhalb der offenen Jahrmarkte kein meister seine wahren ausserhalb des Beltzhauses verkauffen.

3) Niemandt dem andern schwartze oder weisse fehene weiber mützen verkauffen vundt verhandeln.

4) kein Hendler oder meister die im 42 articul erzehlete Rauchwahren einzeln zu verhandeln befugt sein

und 5) die gemachten Futter nach der im 43 innungsarticul benannter Zeit ausserhalb des Beltzhauses auff den gassen in Heusern vundt gewölben auszulegen befugt sein.

Bey diesen punct vundt sonderlich bey dem 1. ist zu erinnern, das beclagte darüber wie obgemeldet nicht gehöret sein, Sonst hetten sie hierbey zu erinnern gehabt, wollen auch hiermitt nochmahls erinnert haben, Das dieser punct gantz dunckel eingewickelt sey. Den 1. wirdt alhier auff mützen geclagt, die gehören zu einem besondern punct vundt in demselben ist wahr, das in den innungsarticuln verordnet, niemandt solle sie kauffen vundt wieder verkauffen, aber solche prohibitionem certae speciei aufeinanders auszudehnen, will sich nicht leiden, quia à separatis male infertur.

2) So ist vor 5. 10. 20. 40. 60. 100 vndt mehr Jahren in vundt allewege einen iedern freygestanden das er ausserhalb der Vehenen mützen, hatt mögen allerhandt gemachte wahren kauffen vundt wieder verkauffen.

3) Inmassen denn dessen ein exempel, das unsere Vorfahren vundt gross Eltern Seel. vundt andere mehr vorhanden, welche mitt grossen hauffen gemachten wahren gehandlet und wieder verhandlet haben.

4) So ist das kürschner Handtwerg nicht ein Handtwergk wie etwa andere Handwerge, so allein ihre gemachte arbeit verkauffen, als schuster, schneider, Becken, Sondern dieses Handtwergk handlet, vundt kann sich des Tauschens nicht enthalten, denn es hatt einer nicht was der andere hatt, Ein schuster, schneider, Becke verarbeitet sein gekaufftes zugerichtetes, Ein kürschner muss seine materien selbst zurichten vundt hernach erst verarbeiten, vundt weill das rauchwergks allerhandt gattung ist vundt von vielen orthen unterschiedlich kommet, so richtet ein ieder an seinen orth seine futter zu, bringen sie einander, vertauschen oder verkauffen sie, vndt, wenn solches nicht geschehen sollte, könte alhier zu leipzig vielerhandt futter nicht vntergefüttert werden, denn viel futter werden alhier nicht zubereittet, sondern gekaufft.

6) Es müsse auch folgen, das ein Junger meister, so vnvermögend, wann es nach der Cläger ungeschickten meinnung gehen solte, nimmermehr empor kommen könte, wenn er gleich noch so fleissig vundt geschickt wehre, denn weill er keine frembde futter kauffen vundt vnterfüttern solte, würde er zu keiner kundtschaft kommen, vundt müsse allein ein mützen vundt Beltzmacher oder ein futterbeltzmacher verbleiben, würde also ihme seine nahrung vndt fleiss verwehret.

7) Item es würde folgen, das, wenn ein Junger armer meister einen geringen verlagk hette, vundt solches an rohe Rauche wahre anwendten vundt in die beisse legen würde, vundt es kehme ihme hernach eine kunde, etwas anders unterzufüttern, dürffe aber kein futter kauffen, so müsse er seine kunde hinweg zu andern weissen, dadurch werden monopolia unvermerckt eingeführet vndt die armen beschwehret, welches die obermeister endlich wohl dulden könten, aber den Jungen meistern ist es unerträglich.

8) Es würden auch ettliche alte unvermögende Meister vundt wittben, welche selbsten ihres Leibes beschwerung halben nicht mehr gar machen könten, vundt gleichwohl keine futter kauffen dürfften. ihr handtwerg gar liegen lassen müssen, dardurch sie verderben vundt dem gemeinen kassen zuwachsen würden, do sie sich doch mit Gott vundt Ehren wohl nehren könten vundt wolten. Inmassen solches ein armer meister bejahet vundt bestercket, das wenn in seiner kranckheit, so er ein gantz Jahr ausgestanden, sein weib nicht gemachte wahren kauffen vundt wieder verkauffen dürffte, hetten sie beyde in solcher Zeit nott leiden müssen.

9) Es würde darauf erfolgen, das die meister so ausserhalb Leipzigs, auch ausser der Chur. Sachsen in den Magdeburgischen wohnnten, melioris conditionis wehren als die hiesigen, denn dieselben könten mitteinander ihre wahren versprechen und verbrechen vundt könten dadurch allerhandt gattung zu marckte bringen, das könten Junge arme meister alhier nicht thuen, dadurch würde veranlasset, das auff

dem beltzhause die frembden allen vorteil vundt kauff alleine haben, vundt hiesige Junge meister verderben würden.

10) wenn einer unter den beelagten verstürbe vundt liesse seine wittbe, so könte dieselbe das handtwergk nicht vollstendigk treiben, sie hielte denn einen wergkmeister vndt hette vollen vorraht, do sie doch wohl sonst zu bereitette futter, Peltze vundt andere gemachte arbeit kauffen vundt sich Ehrlich ernehren könte.

11) Es ist 11. zu bedencken, das wihr von den frembden meistern vundt handelsleuten zubereitete futter, die in Leipzigk nicht gemacht werden, auch andere futter, ob sie wohl alhier bereitet werden, dennoch wohlfeiler als wihr sie selbst erzeigen können, erhandlen, kauffen oder Ertauschen mögen, Dieses würde vns ohne Vrsache abgeschnitten.

12) Darwegen 12 die gemeine Stadt vundt der kauffhandel beschwehret, das wo wihr ettliche wahren wohlfeiler geben könten, solche durch diss mittel, wofern wir ohne schaden sein wolten, teuerer geben müssen, vundt dieses alles zum lautern muht willen.

13) Es würde auch 13 dieses wieder die allgemeine gewohnheit vnsers Handwergs vns zu schaden eingeführet, denn Jm vundt ausserhalb des Heil. Röm. Reichs an allen orthen, do nuhr unser Handwergk gültig, magk ein ieder meister gefertigte futter Peltze vundt schweife von andern meistern kauffen oder tauschen vundt verarbeiten oder kauffen, Darumb es ie uns auch nicht zu verbieten.

14) So haben wihr auch 14 Vber das Herbringen vundt allgemeine gewohnheit im vundt ausserhalb des Reichs die Exempel vieler handwerger als der Schlösser, der Seiler, Sporer, Rohtgiesser, nagelschmiede vundt vieler anderer, welche von ihren andern mittmeistern oder Händlern ihres handwergs wahren gar oder Zum Theil ausgemacht kauffen vundt vollends verarbeiten oder verkauffen, Ja auch wohl darüber in specie privilegirt werden, vundt vor keine krämerey geachtet, viel weniger aber ihnen solches, zumahl wenn sie im Herbringen befunden, verwehret werden kann.

Aus diesen vundt andern vielen mehrern Vrsachen so künfftig vorgebracht vundt das ohne schaden vnserer armen vundt künfftigen Jungen meister das verbott futter vundt andere zubereitete Rauchwahren zu kauffen vundt zu verarbeiten oder zu verkauffen und unsern wittben vundt nachkommen nicht zu verwehren demonstriret werden kann, verhoffen die beelagten E. E. Hoher Raht werde die meister so mehrern Theils gar nicht, zum Theil nicht genugsam gehöret sein, mitt keinen bescheide vbereilen lassen, vundt do gleich ettwas vber alles verhoffen vorgenommen werden solte so sindt beelagte eine gemeine, haben iura minorum, vundt damitt ihnen eines löblichen oberhoffgerichts ohne ihren keynen bericht vundt ita ipsis non auditis von keynen Theilen wieder die obermeister ausgewirckte remission ihrer appellation nicht obijcirt werden können, so wollen sie hiermit ab ipsa reiectione appellationis an Churfl. Durchl. zu Sachsen vundt dero hochlöbliches appellation gerichte pro suspensione Rei ivdicatae gehorsambst appellirt vundt sich dero schutz vundt schirm vnterthänigst submittirt, sich auff des landt handwergs gebrauch beruffen vundt umb Apostolos reverentiales angesucht haben. Was die andern puncta anlangt, so ist an demselben dieses zu bedencken, das die meister des Kürschner Handwergs innerhalb der offnen marckten wohl dulden könten, das zu der Zeit wenn das auslegen auff den gassen vundt gewölben nicht geduldet vundt das beltzhauss eröffnet wird, niemand Ihre zu kleidern gemachte wahren in seinen eigenen Hausse vundt kram Zum kauff auslegen vundt aushengen soll, das man aber auff eines begehren, nicht solte zu Hause ettwas verkauffen, das möchte einen der stragks von der werckstadt ettwas verkauffe zum praeiudiz gereichen, vundt es ist ia keinen einigen meister in keinerley handwerge seine wahren von der werckstadt zu verkauffen, auch niergendt in unsere articuln verbotten.

Was 3. die weiber mützen schwartz oder vehene belanget, wissen wihr garnicht, das iemandt vnter vns vehene mützen gekaufft vundt wieder verkaufft, wollen auch den etc. Innungsarticul von weissen vehenen vundt schwartzen mützen verstehen, vundt denselben articul strenglich observiren.

Den 4. Clagpunckt betreffende haben wihr die obermeister den 42. articul vnser innung ieder Zeit so viel uns bewusst gehalten, gedencken ihn auch noch ferner zu halten, so aber ohne vnsern vorbewusst, Vundt ohne Clage ettwas geschehen sollte, darvor können wihr nicht stehen.

Was den 5. punckt anlanget, wirdt E. E. Hochw. Raht sich erinnern, das er einen articul gegeben, das ein ieder Einheimischer Meister in seinen Hause den gantzen marckt vber futter feill haben möge. Nuhn ist E. E. Rahte wohl wissende, was vor hohe Steuern vundt beschwehrden von den Heusern gegeben werden müssen, Solte mann nuhn die Heuser nicht brauchen, so könte mann die Steuern nicht geben vundt gereichte solches also Churfl. Durchl. Zum praeiudiz, Darumb man dieses auch zu wohl ermeltes E. E. Rahts bedencken anheim gibt, damit diese motiven erwegen, vundt die armen innungsgewercken vndt Bürger bey ihren herbringen gewohnheit vundt handeln gelassen vundt Ihnen vndt der gantzen Stadt zu schaden an ihrer Nahrungk kein eintragk geschehen möge. Versehen sich zu E. E. Hochw. Raht einer günstigen verhör vundt abstellung der beschwehrden, vundt wollen solches mitt gehorsam vnterthänigk erkennen sonst ihre beneficia juris vorbehaltende, vundt der appellation sich in keines wegk begebende, de super solenniter protestando Datum den 26. September Anno 1630.

E. E. Hochw. Rahts

gehorsame bürger die
kürschner alhier mitt
nahmen
(36 nahmen [1].)

Um der zur Zeit der Messe vergrößerten Nachfrage genügen zu können, sah sich der Meister genötigt, auf Vorrat zu arbeiten. Es stellte sich das Bedürfnis nach geeigneten Räumen zu Lagerzwecken ein. Um den Absatz größer und gewinnbringender zu gestalten, beschließt er, seine Ware im Laden auszustellen und durch denselben zu vertreiben. Immer größer wird das Anlagekapital und immer kapitalistischer der Betrieb. Immer mehr schiebt sich der Schwerpunkt in der Thätigkeit des Kürschners vom reinen Handwerksbetrieb zum Handelsgewerbe hinüber, doch liegt der Unterschied der kapitalistischer betriebenen Geschäfte und des reinen Handwerks nicht im maschinellen Betrieb, sondern in der größeren Arbeitsteilung, in der Verwendung nicht zur Zunft gehöriger billiger Arbeitskräfte und hauptsächlich in der Höhe des ins Geschäft gesteckten Kapitals.

Welche Rolle das Kapitalerfordernis gegen Ende des 18. Jahrhunderts im Kürschnergewerbe spielte, schildert uns Bergius sehr anschaulich in seinem Neuen Polizey- und Kameral-Magazin vom Jahre 1777 St. 288, wo er folgendes sagt:

[1]) Acta die Kürschnerinnung betr. vom Jahre 1513—1710. Tit. 64 273. Ratsarchiv zu Leipzig.

„Ohnerachtet das Handwerkszeug des Kürschners von gar keiner Beträchtlichkeit ist, und mit ganz geringen Kosten angeschafft werden kann, so ist dennoch seine Profession allemal sehr kostbar, wenn sein Laden, wie in grossen Städten erfordert wird, einigermassen vollständig sein soll. Die feinen Bälge und Felle stehen in hohem Preisse und selbst die gemeinen sind nicht allemal wohlfeil. Mit ein paar tausend Thaler Vorschuss wird er nicht weit kommen und keinen sonderlichen Vorrath von Zobel- und Hermelinpelzen in seinem Laden aufzeigen können. Man wird davon überzeugt werden, wenn wir die verschiedenen Arten der Pelzwerke anführen. Folgen dieselben. Dann fährt er fort: Wenn man alle diese Thiere, welche zum Pelzwerk dienen, und deren es auf dem Erdboden noch weit mehrere giebt, betrachtet, und dabei erwäget in was vor einem hohen Preisse viele derselben in dem Handel stehen; so wird man sich leicht selbst überzeugen, dass der Pelzhandel von grosser Beträchtlichkeit ist und einen starken Geldverlag erfordert, wenn auch das Waarenlager nur einigermassen mit einem guten Vorrath versehen sein soll. Ueberdies ist der Pelzhandel mit vielem Risiko verknüptet. Die Waaren können, wegen Mangels eines hinreichenden guten Abganges, lange liegen bleiben, wodurch das Pelzwerk an seiner Güte viel verlieret: und wenn es dann noch dazu vor Feuchtigkeit, Staub und vor dem Mottenfrass, a) nicht auf das fleissigste und sorgfältigste bewahret wird; so kann der Kaufmann oder der Kürschner, welcher damit handelt mit einmal in einen grossen Schaden gesetzt werden. b) Man findet daher nur in grossen Residenz- und Handelsstädten ein und andere Kaufleute und Kürschner, bey denen man ein ansehnliches Waarenlager antrifft, und welche dann sowohl auswärts mit Pelzwerk handeln, als auch die anderen Kürschner in denen kleinern Städten damit versehen. c) Da unterdessen das Pelzwerk in denen kalten Gegenden eine fast unentbehrliche Waare ist, wo selbst die Bauern im Winter in Schafpelzen zu gehen pflegen; so hat die Polizey darauf zu sehen, dass in kleinen und mittleren Städten wenigstens ein oder ein paar Kürschner ihr Handwerk treiben."

So setzte sich der Entwickelungsgang bis in die dreißiger Jahre unseres Jahrhunderts in immer größerer Vervollkommnung der Handelsthätigkeit des Kürschnergewerbes fort. Immer wichtiger wurde das Ladengeschäft, immer größer der Absatz an auswärtige Privatkunden sowohl (zur Zeit der Messe) wie besonders an auswärtige kleinere Kürschner in kleinen Städten. Immer größer wurde das Anlagekapital und immer schwieriger wurde es, ohne im Besitz einer größeren Summe zu sein, in die Reihen der größeren, selbständigen Kürschner einzutreten.

Die Übelstände zeigten sich, wie schon im fünfzehnten Jahrhundert, in einem starken, in jener Zeit außerhalb der Zunft stehenden Gehilfenproletariat, welches seinerseits durch das Vorhandensein billigerer Arbeitskräfte als der im zünftigen Gewerbe zur Verfügung stehenden den Übergang zum Manufakturbetrieb begünstigte. Da trat in den dreißiger Jahren ein Umschwung in den technischen Verhältnissen des Gewerbes ein. Es begann der Übergang der vorwiegenden Gebrauchswertproduktion zur vorwiegenden Tauschwertproduktion.

Es hatte also durch das eindringende Kapital folgende Verschiebung stattgefunden.

Der Kürschner ist immer mehr Händler geworden; er stellt die Artikel nicht mehr in allen ihren Teilen selbst her, sondern verkauft schon vielfach solche, die er fertig aus Fabriken bezogen hat; andererseits verarbeitet er die in den Zurichtereien und Färbereien hergestellten Halbfabrikate. Er hat also die beiden ersten Stadien des Produktionsprozesses, den Einkauf direkt vom Rohstoffproduzenten, sowie die Verarbeitung der Produkte in rohem Zustande verloren. Zwei Verluste, doppelt empfindlich, da gerade hier der Handwerker den Teil des Kapitalumschlags verliert, wo am meisten verdient wird. Er verliert die Konjunkturenvorteile und kann das Rohmaterial nicht mehr billig einkaufen; es bleibt ihm also in den meisten Fällen nur der Arbeitslohn. Doch treffen diese Nachteile nur den kleinen Meister, bei dem großen werden sie, wenn ihm der Einkauf en gros nicht möglich sein sollte, durch den Verdienst im Handel aufgewogen.

Immer noch jedoch stellen die Leipziger Kürschner, wenn auch der Einkauf des schon zugerichteten Materials die Regel ist, Waren in allen ihren Teilen selbst her. Allerdings geschieht dies selten, wie auch der Kürschner selten in die Lage kommt, von einem Bauer, Jäger etc. den Rohstoff direkt in Gestalt eines erschossenen Fuchses oder eines erschlagenen Iltisses einzukaufen. Auch beschränkt sich dieser Einkauf lediglich auf Wildwaren, wie Marder, Füchse, Iltisse etc., welche Felle dann der Kürschner selbst zurichtet und verarbeitet. Auch das Lohnwerk (Heimwerk) findet sich in solchen Fällen noch in der Kürschnerei. Ein Bauer oder Jäger etc., der einen Fuchs, Marder u. s. w. getötet hat, wünscht von dem Fell eine Mütze oder irgend ein anderes Bekleidungsstück zu haben; er trägt es zum Kürschner und läßt es dort verarbeiten; oder ein Sonntagsjäger wünscht seine Beute ausgestopft in seinem Zimmer zu sehen und läßt dies vom Kürschner besorgen. Doch kommt es vor, daß er anstatt des von ihm getöteten Tieres ein anderes erhält, welches dann fälschlich als Zeichen seiner Treffsicherheit in seinen heimischen Räumen prangt.

Unterstützt wurde diese oben geschilderte Entwickelung durch die immer schneller wechselnde Mode, deren Ansprüchen wohl der Großbetrieb mit seiner ausgebildeten Technik, nicht aber der kleine Handwerker mit seinen geringen Mitteln genügen konnte. Hatte bis jetzt die Zurichterei und Färberei völlig in den Händen der Kürschner, der von ihnen abhängigen Stuckwerker, sowie von Gesellen und Lehrlingen gelegen, welche sich durch besondere Geschicklichkeit hierin auszeichneten, oder welche auch wohl, um letzteres zu erreichen, von den Meistern in einseitiger Weise beschäftigt waren, so begannen sie jetzt sich loszulösen und sich in besonderen Betrieben selbstständig zu entwickeln. Binnen kurzem war die völlige Trennung von der Kürschnerei vollzogen. Und in der That eignete sich die Zurichterei und Färberei zum lohnendsten Großbetrieb.

Um die Lage der Kürschner bis zum Anfang des 19. Jahrhunderts kurz zu kennzeichnen, können wir sagen, daß nur der kapitalkräftige Kürschner in der Lage war, sich selbständig zu machen, seinen Betrieb lohnend zu gestalten und seinen Lebensunterhalt reichlich zu verdienen. Daß dagegen derjenige, welcher nicht über eine entsprechende Summe verfügte, den Gedanken an selbständigen Betrieb eines Geschäftes fallen lassen und sein Leben in abhängiger Stellung hinbringen mußte. Dies änderte sich mit Einführung der Gewerbefreiheit. Waren früher die Gesellen vielfach durch Arbeitslosigkeit in drückender Lage gewesen, so treten jetzt, nachdem durch Aufhebung der Zunftschranken der Eintritt in das Gewerbe Jedermann offen stand, die kleinen Meister d. h. in der Mehrzahl wohl dieselben Gesellen, denen es früher unmöglich war Meister zu werden und welche sich jetzt in Folge der neuen Gewerbefreiheit selbständig machten, an ihre Stelle. Die kapitalkräftigen, intelligenten und geschickten hielten sich auf ihrer Höhe oder wuchsen darüber hinaus, während die kleinen immer tiefer in das Proletariat hinab sanken.

Durch die Absonderung der Rauchwaren-Industrie von der Kürschnerei bildeten sich neben dem sogenannten Handwerk neue Gewerbszweige, was zur Folge hatte, daß sich die Kürschner noch mehr dem Ladengeschäft zuwandten und letzteres als ihre Haupteinnahmequelle zu betrachten begannen, während viele Kleinmeister und Gehülfen lohnenden Verdienst in den neuen Zurichtereien und Färbereien fanden.

Andererseits bot sich im Anfang des 19. Jahrhunderts dem kapitallosen Kürschner, wie schon im Anfang dieses Abschnitts gezeigt worden ist, ein lohnender, weder mit großem Kapitalerfordernis noch mit großem Risiko verknüpfter Erwerb in der Mützenmacherei. Vergleiche hierüber, sowie über die sonstigen Bedarfsverschiebungen: Albin König, die Kürschnerei in Frankenberg in Sachsen, in den Schriften des Vereins für Sozialpolitik, Band LXIII S. 320 bis 332, sowie den Abschnitt II dieser Abhandlung.

Es fand also bis zum Anfang des 19. Jahrhunderts eine stetige Erhöhung des Kapitalerfordernisses statt; während von diesem Zeitpunkt an bis in die achtziger Jahre die weitgehende Arbeitsteilung in Mützenmacherei, Zurichterei, Färberei, auch dem nicht mit großen Kapitalien ausgestatteten tüchtigen Meister das Fortkommen erleichterte; bis einige dieser zu Großbetrieben ausgewachsenen Betriebe durch ihre übermächtige Konkurrenz die anderen Meister aus allen diesen Gebieten entweder verdrängten, oder sie zwangen, ihre Produktion bedeutend zu vergrößern, so daß von jetzt ab das Kapitalerfordernis wieder gewaltig in die Höhe schnellte.

Von großem Einfluß auf das Gewerbe war das Jahr 1861. Es kam die Gewerbefreiheit, welche den einzelnen Meister aus dem gewohnten engen Rahmen loslöste, ihn mancher Stützen und Vorteile des früheren enggeschlossenen Kreises beraubte, und ihn auf eine breitere Basis stellte, welche, den Stürmen des freien Wettbewerbs mehr Raum bietend, eine größere Widerstandsfähigkeit und Tüchtigkeit seinerseits erforderte. Es begann eine neue Phase im gewerblichen Leben. Die Macht der alten gewerblichen Gruppenbildungen, welche in den Zunftverfassungen ihren Höhepunkt erreicht hatten, wurde zu Gunsten der größeren Selbständigkeit der einzelnen Individuen gebrochen. Der tief im germanischen Volkscharakter wurzelnde, in Deutschland hauptsächlich in politischer Beziehung hervortretende, stark individualisierende Zug erhielt Gelegenheit, sich auf wirtschaftlichem Gebiete zu entfalten. Während durch die Zunftverfassung, durch den Zusammenschluß einzelner Individuen zu gewerblichen Gruppen, welche ihrerseits wiederum dem einzelnen Individuum, eben durch den Zusammenschluß gleich interessierter Individualitäten, größeren Einfluß und eine bessere wirtschaftliche Lage ermöglichten, hauptsächlich das korporative Element auf Kosten des individuellen hervorgetreten war, sah sich der Handwerker jetzt plötzlich nur auf sich selbst angewiesen, in den Strudel der Weltwirtschaft hineingeschleudert und gezwungen andere Bahnen als die bisherigen einzuschlagen. Es waren dies neue, den modernen Verhältnissen angepaßte, zur gegenseitigen Unterstützung sowohl, wie zum billigeren Einkauf des Rohstoffes etc. dienende Vereinigungen, wie Kreditgenossenschaften, Rohstoffgenossenschaften u. s. w. und größere individuelle Selbständigkeit verbunden mit größerer Bildung des Charakters und größeres Anpassungsvermögen, und erst allmählig werden diese Eigenschaften im Laufe der Zeit in Fleisch und Blut der betroffenen Kreise übergehen können. Fortschritte sind in dieser Beziehung schon überall zu bemerken, namentlich im Kürschnergewerbe, in welchem allerdings die enge Verquickung zwischen Handel und Handwerk schon längst bei einem Teile der Gewerbeglieder erziehliche Einflüsse dieser Art gezeitigt hatte.

Die Konkurrenz ist die Vorbedingung jedes menschlichen Fortschrittes. Sie erhöht die Spannkraft und Arbeitskraft der einzelnen Individuen, welche im Kampf ums Dasein vorwärts kommen wollen, und verleiht ihnen jene ausdauernde Zähigkeit, welche die Motive egoistischer Art auszeichnet und welche sie weit stärker erscheinen läßt, als solche, welche rein altruistischer Natur sind. Sie verstärkt die natürliche Auslese und bewirkt, daß die Tüchtigsten und Fleißigsten die ihnen gebührenden Stellen einnehmen, da die Hoffnung ihre Lage verbessern zu können, die Menschen zur Anspannung aller ihrer Kräfte und Fähigkeiten anspornt. Doch wie kein Licht ohne Schatten, so ist auch die freie Konkurrenz nicht ohne Schattenseiten. Zu letzteren gehören die Feinde des Handwerks und der soliden Geschäftsleute als: Schleuderkonkurrenz, mit großer Reklame in Szene gesetzte, schwindelhafte Ausverkäufe, die Versteigerungen aus nicht existierenden Konkursen, das Submissionswesen, die Zurücksetzung der Barzahlung, das Anlocken der Käufer durch falsche zu niedrige Preisangaben in den Schaufenstern, kurz alles, was als unlauterer Wettbewerb dem redlichen Geschäftsmann unserer Zeit das Fortkommen erschwert. Nicht die Konkurrenz auf die Spitze zu treiben, sondern in gesundem Wettbewerb allmählig eine Besserung der wirtschaftlichen Lage unseres Bürgerstandes herbeizuführen und es den befähigten und tüchtigen Leuten des unteren Standes zu erleichtern, sich selbstständig zu machen und Meister zu werden, war der Zweck der Gewerbefreiheit. Es geht durch dieselbe der altruistische Zug, die Erwerbsfähigkeit nicht auf einzelne privilegierte Klassen zu beschränken, sondern jedem sein Fortkommen je nach seinen Eigenschaften und seinem Können zu ermöglichen.

Wie verhielt sich nun der Handwerker zu dieser neuen Ordnung der Dinge? War sein Anpassungsvermögen groß genug, seine fernere Existenzmöglichkeit zu gewährleisten und war die größtmöglichste Anpassungsfähigkeit seinerseits im Stande, der weiteren Zersetzung des Handwerks, welche, wie wir gesehen haben, lange vor Einführung der Gewerbefreiheit begann, Widerstand zu leisten? Die erste Frage müssen wir für Leipzig mit Ja beantworten. War auch in der ersten Zeit der Vorteil völlig auf Seite der konkurrierenden, vielfach die gewissenloseste Ausbeutung repräsentierenden Elemente, so trat doch bald ein gewisser Stillstand in der Entwickelung dieser die Existenz unseres Gewerbes bedrohenden Unternehmungen ein. Die Verhältnisse wurden stabiler und die bessere Kundschaft blieb den mit der Zeit fortgeschrittenen Handwerkern erhalten oder kehrte zu ihnen zurück. Die zweite Frage dagegen müssen wir mit Nein beantworten, denn gerade die Anpassungsfähigkeit der Gewerbeglieder an die Anforderungen der Gegenwart mußte den Zersetzungsprozeß beschleunigen und ein immer weiteres Heraustreten aus dem Rahmen des Handwerks veranlassen. Es erwies sich die alte Betriebsform für die heutigen Verhältnisse als völlig unzulänglich.

Die Gewerbefreiheit war in erster Linie die notwendige Folge des maschinellen Betriebs. Ohne dieselbe würden durch die gewerblichen Beschränkungen permanente Reibungen entstehen, deren korrekte Beseitigung zu den Unmöglichkeiten gehören dürfte.

Die Gewerbefreiheit trägt keineswegs, wie man heute vielfach zu behaupten beliebt, die alleinige Schuld an dem Rückgang des Handwerks, speziell der kleinen Meister. Wenn sie auch den Schwerpunkt in der mißlichen Lage der Gewerbeglieder vom Gesellen auf den kleinen

Meister verrückt hat, also anscheinend eine Verschlechterung in der Gesamtlage des Gewerbes herbeigeführt hat, so ist dies in Wirklichkeit keineswegs der Fall. Die Ursachen liegen, wie wir im Anfang dieses Abschnittes gesehen haben, in erster Linie in der Kostbarkeit vieler Artikel des Gewerbes, sowie in dem durch die Schwankungen der Konjunktur bedingten hohen Risiko und in dem sich daraus ergebenden hohen Kapitalbedürfnis, in der durch die Messe begünstigten Verschiebung des Absatzes, in der immer schneller wechselnden Mode und in der verbesserten Technik, sowie in der Thatenlosigkeit der kleinen Meister, welche den Konkurrenzneid und die übrigen ihnen entgegenstehenden Schwierigkeiten zur Bildung von Genossenschaften (Kreditgenossenschaften, Rohstoffgenossenschaften) nicht zu überwinden vermögen. Anstatt zur Selbsthilfe, also in erster Linie zur Bildung derartiger Genossenschaften zu schreiten, erwarten sie, wenigstens in vielen Mittel- und Kleinstädten (die Leipziger Kürschnermeister machen hier eine höchst anerkennenswerte Ausnahme) alles Heil vom Eingreifen des Staates und verharren unthätig in einer Lage, die sie mit mehr Einigkeit, wirtschaftlichem Verständnis und Energie sehr wohl zu einer besseren gestalten könnten.

Es bleibt uns übrig, die beiden Industriezweige, welche sich mit der Herstellung der in die Hand des Kürschners gelangenden Halbfabrikate beschäftigen, zu betrachten. Ein näheres Eingehen auf beide Industrien dürfte umsomehr am Platze sein, als die Bedeutung Leipzigs für den Rauchwarenmarkt weniger auf seiner eigentlichen Kürschnerei, als auf seinen Zurichtereien und Färbereien beruht. Unsere Kenntnis von dem früheren Betriebe beider Industriezweige durch die Kürschner ist, wie wir schon gesehen haben, sehr beschränkt. Als Resultate mühevoller praktischer Erfahrung wurden die verschiedenen Techniken, besonders der heimlich betriebenen Färberei in den einzelnen Familien von Geschlecht zu Geschlecht fortgepflanzt und als wertvolle Geheimnisse vor jeder Gefahr einer Veröffentlichung sorgfältig bewahrt. Irgend welche höhere großindustrielle Bedeutung haben beide Industriezweige in früherer Zeit, wie wir ebenfalls gesehen haben, nicht erlangt. Es wurden in Leipzig bis in die Mitte der 1850er Jahre nur deutsche, oder besser gesagt europäische Felle, in Betrieben von geringem Umfange zugerichtet. Die amerikanischen Felle ließen die Leipziger Händler gleich in London zurichten, wo sie dieselben auf den Auktionen erstanden hatten. Mit dem 19. Jahrhundert und zwar in den fünfziger Jahren änderte sich das. Hatte bis dahin die Leipziger Zurichterei größtenteils in den Händen der Kürschner gelegen, so beginnt sie jetzt in Folge der später erwähnten Umstände sich zu spezialisieren, und zwar sofort in großem Umfange.

Erst seit dieser Zeit datiert die Selbständigkeit der Leipziger Rauchwaren-Industrie. Die Verbesserung und Vervollkommnung, welche dieselbe in dieser Zeit erfuhr, verdankt sie dem Aufschwung, welchen der Rauchwarenhandel in Leipzig zu gleicher Zeit dadurch empfing, daß er begann, ein immer unentbehrlicheres Zwischenglied zwischen dem amerikanischen und dem russischen Handel und Bedarf zu bilden. Ferner war das enorme Steigen der Löhne, für das Zurichten in London, von außerordentlich günstigem Einfluß. Nahm bis zu dieser Zeit London als Auktionsplatz, wie auch als Zurichtungsstätte für sämtliche Kürschnerwaren eine bevorzugte Stelle in Europa ein, so sahen sich gegen Ende der fünfziger Jahre englische und deutsche Großhändler wegen der dortigen allzuhohen Zurichtelöhne veranlaßt, ihre Waren anderswo, namentlich aber in dem bis dahin für die Kürschnerindustrie so gut wie belanglosen Leipzig, zurichten zu lassen, und fügten dadurch London großen Schaden zu. Bald entstanden in der Umgebung Leipzigs zahlreiche Zurichtereien und Färbereien. Mit dem außerordentlichen Aufschwung aber, den in Folge dessen die Leipziger Zurichte-Industrie nahm, ging ein schnelles Emporblühen der Färberei Hand in Hand. Allerdings hatte sie mit großen Schwierigkeiten zu kämpfen, da sie eine starke Nebenbuhlerin in den Färbereien von Lyon besaß, welche namentlich auf dem Gebiete des Schwarzfärbens jede Konkurrenz auf dem Weltmarkt aus dem Felde schlug. Erst in unserer Zeit ist es nach vielen vergeblichen Anstrengungen den Leipziger Färbereien gelungen, dem Betriebe zu Lyon auch in der Kunst des Schwarzfärbens die Spitze bieten zu können. Zurichtereien und Färbereien sind meistens vereinigt und werden hauptsächlich im Lohnwerk betrieben. Der Zurichter, bezw. Färber erhält vom Rauchwarenhändler, Kürschner oder Konfektionär den Rohstoff und verarbeitet denselben auf Kosten des Auftraggebers. Einzelne arbeiten nebenbei auf eigene Rechnung.

Immer weiter schreitet die Spezialisation vorwärts, auch innerhalb der Zurichterei und Färberei selbst. Jedes größere Etablissement ist auf die Verarbeitung bestimmter Felle zugeschnitten und verdankt diesen seinen Ruf. Bei den meisten Industriellen weichen die Manipulationen beim Zurichten von einander ab und selten findet man Zurichtereien, die nach einem und demselben System arbeiten. Durch diese Spezialisation der einzelnen Zweige der Kürschnerei und im engeren Rahmen der Zurichterei ist das ganze Gewerbe zu einem vorzüglichen Grade von Vervollkommnung gediehen.

Anfang der 80er Jahre begann die Boa, eine schlangenförmige Halsbekleidung für Damen, namentlich in England sehr modern zu werden. Die Fabrikation wurde sofort in spezialisierten Betrieben, teils von Unternehmern und Kürschnern, teils von Rauchwarenhändlern, und zwar von letzteren in großem Style, im Verlagssystem betrieben.

II. Statistisches.

Statistisches Material steht uns, zwei Angaben ausgenommen, von denen die eine vom Jahre 1555 dem Ratsbuch Nr. 16 St. 147 im Ratsarchiv zu Leipzig, die andere vom Jahre 1657 den Akten über die Kürschnerinnung 1599—1786, Tit. 64. 72. Vol. I ebenfalls im Leipziger Ratsarchiv, entnommen ist, erst seit Anfang des achtzehnten Jahrhunderts zur Verfügung. Als Quellen sind Leonhardi, Geschichte und Beschreibung der Kreis- und Handelsstadt Leipzig, nebst der umliegenden Gegend, sowie die Leipziger Adreßbücher seit dem Jahre 1713 benutzt. Ferner Buddëus St. 70 und 71, und der Handelskammerbericht der Handelskammer zu Leipzig vom Jahre 1894, St. 282—284. Die Resultate der neuen Berufs- und Gewerbezählung von 1895 waren leider noch nicht zugänglich.

Der Wert der ersten Tabelle wird leider durch die Unsicherheit der Einwohnerzahlen beeinträchtigt. Die in Klammern stehenden Zahlen geben das Jahr an, für welches die Einwohnerzahl zu gelten hat.

Es gab

Im Jahre	Zahl der Kürschnermstr.	Zahl der Einwohner	Einwohner auf einen Meister
1555	45	—	—
1657	45	—	—
1713 (1709)	40	24 832	621
1714 (1709)	40	24 832	621
1715 (1719)	40	28 448	711
1716 (1719)	40	28 448	711
1721 (1719)	43	28 448	662
1723 (1719)	43	28 448	662
1736 (1739)	34	28 508	838
1746 (1748)	40	29 760	744
1747 (1748)	39	29 760	763

Im Jahre	Zahl der Kürschnermstr.	Zahl der Einwohner	Einwohner auf einen Meister
1752 (1753)	39	32 824	842
1757 (1753)	50	32 824	656
1770	61	—	—
1780 (1779)	64	26 656	417
1786 (1789)	67	32 144	480
1789	67	32 144	480
1790 (1789)	66	32 144	487
1798	54	32 099	594
1800 (1798)	65	32 099	494
1810 (1812)	54	35 000	648
1820 (1824)	48	39 000	812
1830	46	40 950	890
1840 (1842)	43	54 610	1270
1850 (1849)	45	62 374	1386
1860 (1861)	59	78 495	1330
1861	59	78 495	1330
1862 (1861)	59	78 495	1330
1863 (1864)	64	85 394	1334
1864	70	85 394	1220
1870 (1871)	75	106 925	1426
1872 (1871)	75	106 925	1426
1874 (1875)	80	127 387	1592
1880	72	149 081	2071
1885	67	170 342	2542
1889 (1890)	76	179 689	2364
1891	75	179 689	2396

Es zeigen uns diese im Verhältnis zu der Bedeutung des Kürschnergewerbes niedrigen Zahlen, daß dasselbe schon in früheren Jahren ein Privilegium der Bemittelteren war und daß es für den mittellosen Gesellen, in Folge des sich bis zum achtzehnten und neunzehnten Jahrhundert immer mehr steigernden, hohen Kapitalerfordernisses zu den Unmöglichkeiten gehörte, in die Reihen der selbstständigen Meister einzutreten. Daher schon in frühester Zeit die ewigen Klagen über den Wettbewerb der vielen verlaufenen Handwerker, Störer und Pfuscher, welche sich größtenteils aus mittellosen und beschäftigungslosen Gesellen rekrutierten. Trotz dieser verhältnismäßig geringen Meisterzahl hörten auch im Kürschnergewerbe während der ganzen Zunftzeit die Klagen über die Übersetzung mit Meistern nicht auf. Im Allgemeinen bleibt die Zahl der Kürschner von 1713—1752 ziemlich konstant, dann beginnt eine anfänglich starke dann geringere Steigerung, welche bis 1790 andauert und im Jahre 1767 mit 67 Kürschnern ihren Höhepunkt erreicht. Im Jahre 1798 fällt die Zahl auf 54, um im nächsten Jahre wieder auf 65 zu steigen und von da ab stetig bis zum Jahre 1850, wo ihre Zahl 45 beträgt, zu sinken. 1860, 1861 und 1862 giebt es 59 Kürschner, dann tritt, wohl eine Folge der Gewerbefreiheit, eine erneute starke Steigerung bis auf 80 Kürschner im Jahre 1874 ein, welche ein abermaliges Fallen zur Folge hatte, bis die Verhältnisse des Marktes mit der Zahl der Kürschner im Einklang standen.

Die eigentliche Kürschnerei hat also absolut in der Zahl der Gewerbeglieder keinen Rückgang aufzuweisen, dagegen ist sie im Verhältnis zum Bevölkerungszuwachs zurückgeblieben.

Stand der Rauchwarenindustrien im Leipziger Kreis nach der Berufszählung von 1849 und 1861 und der Gewerbezählung von 1875 und 1882.

		Stadt Leipzig	Grenzdörfer	Vorstadtdörfer	Aussendörfer	Übrige Dörfer v. Gerichts-Amt I u. II	Markranstaedt	Taucha	Zwenkau	im Leipziger Kreis
	1849 [1].									
Kürschnerei	a. Betriebe.	72	1	1	—	—	4	11	5	97
	b. Personen.									
Kürschnerei	m.	156	4	1	—		9	20	5	195
	w.	-	—	-	—	-		2	-	2
	Zus.:	156	4	1	—	—	9	22	5	197
	1861.									
Kürschnerei	a. Betriebe.	77	1	1	—	—	9	10	2	100
	b. Personen.									
Kürschnerei	m.	216	11	5	—	—	60	20	8	320
	w.	—	—	-	-	—	7	1	1	9
	Zus.:	216	11	5	—	—	67	21	9	329
	1875.									
Kürschnerei	a. Betriebe.	70	8	25	3	2	9	5	3	125
	b. Personen.									
Kürschnerei	m.	238	?	150	3	6	?	?	3	?
	w.	69	?	28	-	1	?	?	-	?
	Zus.:	207	20	178	3	7	23	12	3	553
Zurichterei	a. Betriebe.		1	5		-	4	—	—	10
	b. Personen.									
Zurichterei	m.		?	?		—	?	—		?
	w.		?	?	-	—	?		-	?
	Zus.:	—	23	45		-	191			259
Färberei	a. Betriebe.	-		4						4
	b. Personen.									
Färberei	m.			?						?
	w.			?	-	—			-	?
	Zus.	--		40		-				40

		Stadt Leipzig	Grenzdörfer	Vorstadtdörfer	Aussendörfer	Übrige Dörfer v. Gerichts-Amt I u. II	Markranstaedt	Taucha	Zwenkau	im Leipziger Kreis
	1882.									
Kürschnerei	a. Betriebe.	97	18	10	—	1		6	1	133
	b. Personen.									
Kürschnerei	m.	297	39	31	—	2		24	1	394
	w.	78	13	15	—		—	2	—	108
	Zus.:	375	52	46	—	2		26	1	502
Zurichterei	Betriebe.	—		32	—	-	34			66
	Personen.									
Zurichterei	m.		—	226	—	--	397	--	-	623
	w.	-	-	46		—	41		-	87
	Zus.:	—	--	272			438		-	710
Färberei	Betriebe.			12		-	1		-	13
	Personen.									
Färberei	m.		-	136			13		-	149
	w.		--	20	—			-	—	20
	Zus.:		-	156		-	13	-	-	169
Davon Hausindustrie. Kürschnerei	Betriebe.	27	9	7			-	2	—	45
	Personen.									
Kürschnerei	m.	30	1	1	-	-		2		34
	w.	27	8	6					—	41
	Zus.:	57	9	7	-			2		75
Zurichterei	Betriebe.			19			21	-		43
	Personen.									
Zurichterei	m.			40					—	40
	w.			11			24			35
	Zus.:	—		51			24			75
Färberei	Betriebe.	—								
	Personen.									
Färberei	m.									
	w.									-
	Zus.:									-

[1] Für die Jahre 1849 und 1861 konnten keine Angaben über die Zurichterei und Färberei gemacht werden, da 1849 noch keine besonderen Betriebe für diese Industrie bestanden, vielmehr deren Gründung erst in die Zeit der zweiten Berufszählung von 1861 fiel. Die hausindustriellen Verhältnisse wurden blos 1882 mit erhoben.

Um die Vergleichung einer Berufszählung mit einer Gewerbezählung zu ermöglichen, ist bei ersterer die Anzahl der Meister mit der der Betriebe identifiziert worden, welche Annahme der Wirklichkeit so ziemlich entsprechen wird.

Stellen wir die Zahl der Betriebsinhaber der Tabelle für die Berufszählung vom Jahre 1849 neben die Zahl der Kürschner vom Jahre 1850 in der Tabelle am Anfange des statistischen Teils, so finden wir zwei stark von einander abweichende Angaben. Dort 45, hier 72 Kürschner. Die Ursache hierfür liegt in den im Adreßbuch besonders angeführten Mützenmachern, die in dieser Zeit größtenteils zu den Kürschnern gehören, die aber die weniger von den Schwankungen der Konjunktur berührte und infolgedessen nicht mit so großem Risiko verknüpfte Mützenmacherei der Kürschnerei vorgezogen und sich mehr auf erstere geworfen hatten. Es war in gewisser Beziehung eine Spezialisation eingetreten. Der Schwerpunkt dieser Betriebe lag nicht in der Kürschnerei, sondern in der Mützenmacherei. Doch sage ich in gewisser Beziehung, weil die Mützenmacher Kürschner waren und neben ihrer Mützenmacherei auch Kürschnerarbeiten anfertigten.

Von 1713—1810 finden wir, da Mützenmacherei und Kürschnerei während dieser Periode vollständig zusammenfallen, keine Mützenmacher.

Dagegen

1820 — 1	1862 — 41
1830 — 6	1863 — 39 u. 1 Fabrik
1840 — 9	1864 — 39
1850 — 30	1870 — 31
1860 — 30	1872 — 36
1861 — 39	1874 — 38

Mützenmacher.

Bis zu dieser Zeit waren dieselben im Adreßbuch unter der Rubrik Mützenmacher und Mützenfabrikanten zu finden. 1880 ist der erstere Ausdruck verschwunden und es finden sich 25 Mützenfabrikanten und Händler und außerdem 1 Hut- und Mützenfutterfabrik. Die Mützenmacherei hat sich zum Fabrikbetrieb entwickelt und die Kürschner sind Mützenhändler, also bloße Vertreiber der in den Fabriken angefertigten Waren geworden.

Ferner sehen wir aus der letzten Tabelle, abgesehen von einer starken Vermehrung der zur Kürschnerei gehörigen Gewerbe und der in ihr beschäftigten Personen überhaupt, besonders die starke Vergrößerung des weiblichen Teiles der Arbeiterschaft. Während wir in der Berufszählung von 1849 im gesamten Leipziger Kreis nur 2 weibliche Arbeitskräfte finden und 1861 nur 9, so finden wir 1875, obgleich durchaus nicht alle in den Kürschnereien, Zurichtereien und Färbereien beschäftigten angegeben sind, schon 97 und 1882 215 weibliche Arbeitskräfte, zu welchen noch 76 im Verlagssystem beschäftigte hinzutreten.

Die Ergebnisse der Fabrikarbeiterzählung vom 1. Mai 1894 im Handelskammerbezirk Leipzig sind in der Rauchwarenfärberei- und Zurichterei, sowie in der Pelzwaren-Konfektion folgende:

Ergebnisse der Fabrikarbeiter-Zählung vom 1. Mai 1894.

Rauchwarenfärberei und Zurichterei. (IX, G. 7)[1].

Betriebe mit Arbeitern:

0–5		6–10		11–20		21–50		51–100		101–200		201–500		über 500		insgesamt	
B.	A.	B.	A.	B.	A.	B.	A.	B.	A.	B.	A.	B.	A.	B.	A.	B.	A.
1	2	2	15	2	30	13	439	6	387	3	394	1	377			28	1644

Betriebskraft.					Beschäftigte Arbeiter.									
Dampf	Wasser	Dampf und Wasser	Gas- oder andere elementare Motoren	Handbetrieb bezw. ohne besondere el. Betriebskraft	über 21 Jahre alt		über 16 bis 21 Jahre alt		über 14 bis 16 Jahre alt		über 13 bis 14 Jahre alt		überhaupt	
					m.	w.	m.	w.	m.	w.	m.	w.	m.	w.
27	1	—	—	—	1134	215	154	71	58	12	—	—	1346	298

Ergebnisse der Fabrikarbeiter-Zählung vom 1. Mai 1894.

Pelzwaren-Konfektion.

Betriebe mit Arbeitern:

0–5		6–10		11–20		21–50		51–100		101–200		201–500		über 500		insgesamt	
B.	A.	B.	A.	B.	A.	B.	A.	B.	A.	B.	A.	B.	A.	B.	A.	B.	A.
1	1	1	6	3	36	2	54	1	53							8	150

[1]) (IX, G. 7). Gewerbeordnung IX, g. 7 umfasst zwar ausser der Rauchwaren-Färberei auch noch verschiedene andere Arten der Färberei, indessen kommt von diesen für den Handelskammerbezirk nur die Rauchwaren-Färberei in Betracht, die von der Gesamtzahl der vorstehend aufgeführten Betriebe und Arbeiter über 95 % umfasst

Betriebskraft.					Beschäftigte Arbeiter.									
Dampf	Wasser	Dampf und Wasser	Gas- oder andere elementare Motoren	Handbetrieb bezw. ohne besondere el. Betriebskraft	über 21 Jahre alt		über 16 bis 21 Jahre alt		über 14 bis 16 Jahre alt		über 13 bis 14 Jahre alt		überhaupt	
					m.	w.	m.	w.	m.	w.	m.	w.	m.	w.
2	-	-	1	5	61	49	19	19	1	1	—	—	81	69

Ergebnisse der Fabrikarbeiter-Zählung vom 1. Mai 1894.

Mützenmacherei.

Betriebe mit Arbeitern.

0–5		6–10		11–20		21–50		51–100		101–200		201–500		über 500		insgesamt	
B.	A.	B.	A.	B.	A.	B.	A.	B.	A.	B.	A.	B.	A.	B.	A.	B.	A.
1	5	1	6	—	—	—	—	—	—	—	—	—	—	—	—	2	11

Betriebskraft.					Beschäftigte Arbeiter.									
Dampf	Wasser	Dampf und Wasser	Gas- oder andere elementare Motoren	Handbetrieb bezw. ohne besondere el. Betriebskraft	über 21 Jahre alt		über 16 bis 21 Jahre alt		über 14 bis 16 Jahre alt		über 13 bis 14 Jahre alt		überhaupt	
					m.	w.	m.	w.	m.	w.	m.	w.	m.	w.
—	—	—	—	2	4	4	1	2	—	—	—	—	5	6

Stellen wir nun die Resultate der Zählungen für die Zurichtereien und Färbereien zusammen, so erhalten wir

im Jahre 1875 — 14 Betriebe mit 299 Arbeitern,
„ „ 1882 — 79 „ „ 954 „

Davon waren im Verlagssystem beschäftigt 75, und zwar 40 männliche und 35 weibliche Individuen. Von den übrigen Arbeitern waren Männer 772 und Frauen 107.

Zusammen also 812 männliche und 142 weibliche Personen.

1894 dagegen finden wir 28 Betriebe mit 1644 Arbeitern, von denen 1346 dem männlichen und 298 dem weiblichen Geschlecht angehören. Es ist also die Zahl der Betriebe zurückgegangen, die Zahl der Arbeiter dagegen gestiegen. Nur 1 Betrieb beschäftigte unter 5 Personen, 27 Betriebe 15—377 Personen. Der Großbetrieb ist also in den Zurichtereien und Färbereien in ausgedehntester Weise zu Gunsten der großen Dampfzurichter auf Kosten der kleinen Zurichter gestiegen.

In der Mützenmacherei finden wir 1894: 2 Betriebe, 1 mit 5 und 1 mit 6 Arbeitern. Davon sind 5 Männer und 6 Frauen. In der Konfektion 8 Betriebe mit 150 Arbeitern; 1 Betrieb mit weniger als 5 Arbeitern, 7 Betriebe mit 6—53 Arbeitern. Männer sind 81, Frauen 6 beschäftigt.

III. Uebersicht über die gegenwärtigen Betriebe.

Von den gegenwärtigen am Rauchwarengeschäft beteiligten Betrieben fallen zuerst die großen Rauchwarenhandlungen in die Augen. Die Rauchwarenhändler sind Großkapitalisten und besorgen hauptsächlich die Herbeischaffung des Rohstoffes. Von ihnen geht derselbe in die Zurichtereien und Färbereien. Zurichtereien sind als spezialisierte Kleinbetriebe und als Großbetriebe; mit Färbereien verbunden nur als Großbetriebe vorhanden. Zuletzt erhält die Felle der Kürschner zur endgültigen Verarbeitung. Rauchwarenhändler, Zurichter und Kürschner sind also die Hauptvertreter des heutigen Rauchwarenhandels, der heutigen Rauchwarenindustrie und der heutigen Kürschnerei, kurz gesagt aller am gesamten Rauchwarengeschäft interessierten Erwerbszweige. Außer ihnen gehören in diesen Rahmen die Konfektionäre, welche in neuerer Zeit mit Erfolg bestrebt sind, den Kürschnern den Rang streitig zu machen. Ferner mehrere kombinierte Betriebe, zu welchen einige der eben erwähnten Rauchwarenhandlungen gehören, die Rauchwarenhandel und Färberei in einer Hand vereinigen. Außerdem die Boafabrikation und die Naturalisation. Erstere wird vielfach von Kürschnern in spezialisierten mittleren Betrieben, letztere von sogenannten Naturalisten als spezialisiertes Kleingewerbe betrieben.

Die Herbeischaffung des Rohstoffs besorgt der Rauchwarenhandel. Der deutsche Rauchwarenhandel befindet sich in seinen letzten Verzweigungen in sehr vielen Händen, da sich eine Menge kleiner Händler und alle Kürschner beim Einkauf beteiligen. Die Kürschnerei kann vom Rauchwarenhandel nicht getrennt werden, wenn auch der große Rauchwarenhandel neben der eigentlichen Kürschnerei besteht.

Der Kürschner in allen großen und kleinen Städten Deutschlands kauft von professionellen Jägern, Jagdliebhabern, Bauern u. s. w. die sogenannten Wildwaren, d. h. Felle von Füchsen, Edel- und Steinmardern, Iltissen, Dachsen, Ottern etc.; vom Landmann Lammfelle, in den Städten Kaninchen- und Katzenfelle. Diese Artikel verwendet er mehr oder weniger nicht selbst und verkauft sie daher in unbearbeitetem Zustande an größere Händler, welche die Waren weiter konzentrieren und den eigentlichen Handelsplätzen zuführen. Die Menge der in Deutschland zusammengebrachten Wildfelle ist nicht unbeträchtlich und es finden sich namentlich in Norddeutschland, Bayern, Württemberg, in den Alpenländern sehr preiswürdige Felle von Mardern, Iltissen, Füchsen und Ottern.

Um die Interessen aller Städte, aller Länder, ja aller Weltteile, welche am Rauchwarenhandel beteiligt sind, zu vereinigen, bieten die Meßplätze, wo man alle Rauchwaren findet, und wo man alle Rauchwaren verkaufen kann, die geeignetste Gelegenheit. Der bedeutendste Zentralpunkt in dieser Branche und eigentliche Weltmarkt ist Leipzig geworden. An Bedeutung kaum weniger wichtig als London, das eigentlich nur eine Durchgangsstation für die amerikanischen, australischen, japanischen, chinesischen und indischen Waren bildet, die doch noch größtenteils nach Leipzig gelangen. In den letzten Jahren hat der Bezug vielfach eine direkte Richtung genommen, so daß heute große Mengen Rauchwaren von Amerika direkt nach Leipzig gesandt werden.[1]) In Leipzig kommen in den beiden zu Ostern und Michaelis stattfindenden Hauptmessen alle gangbaren Pelzwaren der alten und neuen Welt zusammen, und da jeder Besucher, der etwas zum Verkaufe bringt, anderes mitnimmt, so bildete sich ein großartiger nur hier möglicher Tauschhandel. Das Sortiment ist in beiden Messen dasselbe, nur die deutschen Wildwaren aus dem jeweiligen Winter sind stets schon in der Ostermesse abgesetzt. Leipzig hat aber für Pelzwaren nicht nur die Bedeutung eines Meßplatzes, sondern es ist ein ständiger Markt für Rauchwaren geworden, wo die bedeutendsten fremden Handelshäuser Kommanditen halten. Der wirklichen Großhändler im Fache überhaupt sind merkwürdig wenige, aber um so bedeutendere. Dagegen giebt es in Leipzig über 100 Firmen von mittlerer und kleinerer Bedeutung. Die große Menge sibirischer und russischer Pelzwaren gehört kaum dreißig Eigentümern, das noch viel größere Quantum von amerikanischen Pelzfellen nur etwa fünfzehn Kaufleuten.

Der Rauchwarenhandel in Leipzig wird teils direkt, teils durch Kommissionäre und Makler, deren es eine große Anzahl giebt, besorgt. Die Kaufleute sehen einander auf dem Brühl, welche Straße einer fortwährenden Börse gleicht. Sie besuchen einander gegenseitig in ihren Lagern, fragen nach Waren und bieten solche an. Diejenigen Messbesucher, welche die weiteste Reise zu machen hatten, pflegen sich zuerst einzustellen. Schon im Anfang des Jahres sieht man Amerikaner, ihnen folgen Russen, Griechen u. s. w. Artikel, welche ein neues Absatzgebiet gefunden haben, gehen unter steigenden Preisen rasch ab.

[1]) Simon Greger. „Die Kürschnerkunst", Weimar 1883. S. 111–116.

Deutsche Wildwaren wurden früher per Kassa, jetzt aber auch wie die anderen Rauchwaren auf Termine verkauft. Die bedeutenden Zugänge haben teils, als Meßgüter, in Leipzig nur einen vorübergehenden Aufenthalt, teils kommen sie auf Lager. Simon Greger schätzte die Lagerbestände Leipzigs im Jahre 1883 auf durchschnittlich 36 Millionen Mark im Werte.

Die großen Leipziger Rauchwarenhändler gehören zu den kapitalkräftigsten und größten Kaufleuten nicht nur Leipzigs, sondern ganz Deutschlands. Ihre Geschäftsräume und Lager haben sie sämtlich am Brühl und in den angrenzenden Straßen. Mehrere ihrer hervorragendsten Vertreter sind aus dem Kürschnergewerbe hervorgegangen und haben nach und nach im Laufe der Zeit ihre heutige Weltstellung erlangt.

Ihre Hauptbedeutung liegt auf dem Gebiete des Handels.

Ferner sind auf diesem Gebiete zu erwähnen die Kommissionäre. Sie zerfallen in Einkaufskommissionäre, zur Besorgung schnell zu erledigender Aufträge und zur besseren Informierung der Käufer, und in Verkaufskommissionäre für Rohartikel von auswärts, z. B. Berlin, Paris, London, New-York, Moskau u. s. w., sowie für den Verkauf von Leipziger Halbfabrikaten. Letztere, d. h. diejenigen, welche den Verkauf der Leipziger Halbfabrikate vermitteln, sind von Leipziger Firmen engagiert.

Von den hiesigen Kürschnern werden die Kommissionäre wenig in Anspruch genommen, da erstere, hier im Zentralpunkt ihrer Branche ansässig, ihre Geschäfte selbst besorgen können.

Während sich die Rauchwarenhandlungen, Kürschnereien und Pelzwarenkonfektionsgeschäfte fast sämtlich am Brühl und in der inneren Stadt, also in Alt-Leipzig, befinden, liegen die Zurichtereien und Färbereien außerhalb derselben in Leipzig-Lindenau, Leipzig-Plagwitz, Leipzig-Gohlis, Schkeuditz, Rötha und besonders in Markranstädt. Es hat dies seinen Grund darin, daß der Zurichter und Färber nicht genötigt ist, seine Waren im Laden direkt an das Publikum abzusetzen. Er ist nicht an die Lage gebunden und kann seine Fabrikgebäude und Werkstätten an der Peripherie der Stadt oder außerhalb derselben, wo die Grundstückspreise billiger sind, errichten und mieten.

Die Rauchwaren-Zurichterei wird im Lohnwerk betrieben. Sie ist in vielen Fällen mit Färberei verbunden und arbeitet größtenteils für Rechnung von Rauchwarenhandlungen, teils hiesigen, teils englischen, russischen, auch österreichischen, rumänischen, französischen und italienischen; in neuerer Zeit auch vielfach für Kürschner.

Die Zurichter zerfallen in Dampfzurichter und einfache Zurichter. Die Dampfzurichtereien sind Großbetriebe, vielfach mit Färberei verbunden, und erfordern großes Anlagekapital.

Die Dampfzurichter zerfallen wieder in solche, die nur amerikanische Waren und Wildwaren, Bisam, Nerz, Iltis, Zobel u. s. w. zurichten, und solche, die nur Schafwaren zurichten. Doch richten letztere in Ausnahmefällen, d. h. wenn sie nichts zu thun haben, auch andere Waren zu. Amerikanische und Wildwaren zuzurichten, erfordert eine bedeutend größere Geschicklichkeit, so daß ein solcher Zurichter wohl in eine Schafwarenzurichterei übertreten kann, aber nicht der Schafwarenzurichter in eine Wildwarenzurichterei. Die amerikanischen und Wildwaren gehen vom Rauchwarenhändler zum Zurichter, vom Zurichter zurück zum Rauchwarenhändler und von diesem zum Färben nach Gohlis, Markranstädt oder Plagwitz etc. Zurichterei und Färberei sind also in diesen Zurichtereien getrennt. Anders bei der Schafwarenzurichterei. Hier sind Zurichterei und Färberei meistens verbunden. Rötha richtet zum größten Teile Schafwaren nur zu, während die Zurichtereien in Lindenau und Gohlis Schafwaren zurichten und färben.

Die Rauchwarenfärberei zerfällt in Schwarz- und Braunfärberei. (Als dritte Abteilung könnte man noch die Phantasiefarben erwähnen.)

Der Dampfzurichter und Färber arbeitet also zum größten Teile für den Rauchwarenhändler, zum geringeren für Kürschner. Doch giebt es solche, welche nebenbei für eigene Rechnung arbeiten. So kaufen einige hiesige Firmen auf der Messe in Nischny-Nowgorod, sowie von russischen Rauchwarenhändlern und Kommissionären zugerichtete Treibel, färben sie und verkaufen sie an hiesige Rauchwarenhändler. Oder sie kaufen eben dort halbzugerichtete Persianer, richten sie vollständig zu, färben sie und verkaufen sie an Rauchwarenhändler. Ebenso arbeitet eine Firma für eigene Rechnung in englischen, holländischen und Buenos-Ayres Schmaschen. Färbereien, die auf eigene Rechnung arbeiten, haben jahraus, jahrein regelmäßigen Verdienst und sind nicht den Lohnschwankungen der Zurichtereien ausgesetzt.

Der kleine Zurichter arbeitet ebenfalls im Lohnwerk für Rauchwarenhändler und Kürschner, seltener für Konfektionäre. Zuerst allein thätig, nimmt er sich bei Bedarf Gesellen und vergrößert auf diese Weise allmählich sein Geschäft. Er benutzt die Maschinen der Dampfzurichter gegen Entgelt und kann sich mit wenig Kapital selbständig machen. Viele große Dampfzurichtereien sind aus diesen kleinen Anfängen hervorgegangen.

Schwieriger als die beiden vorhergehenden Betriebszweige ist es, die Kürschner richtig zu gruppieren, da es kaum möglich ist, eine Gruppierung zu finden, welche sich in allen ihren Teilen mit den vorhandenen Betriebsformen deckt. Es giebt Kürschner mit großem, mittlerem und geringem Kapital. Vielleicht empfiehlt sich die Einteilung in Großkürschnereien, Detailkürschnereien und Reparaturbetriebe. Großkürschner sind diejenigen, welche nicht nur lokalen Absatz an Privatkunden haben, sondern welche ihre fast ausschließlich aus Pelzwerk bestehenden Erzeugnisse auch an Wiederverkäufer in anderen Städten verkaufen. Sie zerfallen wieder in zwei Abteilungen. Erstens in solche, welche hundertweise Müffe, Kragen, Damenmäntel u. s. w. anfertigen lassen und diese Waren durch Reisende an Detaillisten in kleineren Städten vertreiben und zweitens in solche, welche Spezialitäten, z. B. Bisam-Artikel zu hunderttausenden verfertigen. Sie haben große sich oft über mehrere Etagen erstreckende Lagerräume, Comptoir und schönen Laden. Sie kultivieren en gros- und en detail-Geschäft gleich intensiv. Ihr Absatz ist international. Außerdem treiben sie umfangreichen Rauchwarenhandel. Diese Kategorie, d. h. der eigentliche Großkürschner, ist in Leipzig nur durch zwei Betriebe vertreten, von denen der eine hauptsächlich teuerere Sachen, wie Paletots, Mäntel, Manteletts herstellt, während sich der andere mit der Anfertigung geringwertigerer Waren, wie Müffe, Kragen, Baretts etc., beschäftigt. Als eine Unterabteilung der ersteren Kategorie, als mittlere Groß-Kürschner, könnte man diejenigen Kürschner bezeichnen, welche ebenfalls nicht nur lokalen Absatz nur an Privatkunden haben, sondern welche ihre Waren auch an Wiederverkäufer in anderen kleineren Städten Deutschlands absetzen und welche sowohl Halbfabrikate wie Futterartikel, Muffblätter etc., als auch fertige Waren wie Muffe, Mützen, Baretts u. s. w. herstellen. Sie beschäftigen keine Reisenden, haben große Lager und Läden und treiben einen mehr oder weniger umfangreichen Rauchwarenhandel. Die zweite Abteilung der Großkürschner bilden einige Spezialisten, teils gelernte Kürschner, teils Kaufleute, für Bisam-Artikel. Sie befassen sich besonders mit der Herstellung von Bisamfuttern, sowie Seal-Bisam, d. h. Seehund-Imitation, sind also Kürschner für Halbfabrikate. Sie beschäftigen im Hause bis 8 Kürschnergehilfen und einige Näherinnen, sowie mehrere Kürschner-Nähfrauen außerhalb des Hauses. Das Rohmaterial kaufen sie teils hier am Platze in Rauchwarenhandlungen, welche teilweise wieder Abnehmer ihrer Fabrikate sind, teils geben sie gegen entsprechende Kommission Aufträge für die verschiedenen Londoner Auktionen.

Detail-Kürschner sind solche, welche nur lokalen Absatz, nur an Privatkunden haben und welche neben den eigentlichen Pelzwaren — Hüte, Mützen, Schirme und andere nicht selbstgefertigte Artikel in ihrem Laden führen und zum Teil im Verkauf dieser Gegenstände ihre hauptsächlichste Einnahmequelle sehen. In der Ausdehnung dieser Betriebe zeigt sich eine große Mannigfaltigkeit. Die feinsten Geschäfte dieser Art verkaufen größtenteils nur selbstgefertigte Stücke, die kleineren beziehen diese Waren aus der Fabrik. Die Inhaber der Reparaturbetriebe sind heruntergekommene kleine Kürschner, in engen Höfen, im Hinterhause wohnend, welche außer den Reparaturarbeiten hie und da, wenn sich die Gelegenheit bietet, für Konfektionäre thätig sind.

Außer allen diesen auf eigene Rechnung thätigen selbständigen Kürschnern giebt es noch verschiedene Abarten. Es sind dies Sortierer und Sackreißer. Nun ist es zwar schwer, hier eine strenge Scheidung durchzuführen, da der Sortierer größtenteils nicht nur sortiert, sondern auch alle anderen Arbeiten ausführt, während der Sackreißer in gleicher Weise sortiert und bündelt, aber doch dürfte, da es Sortierer giebt, welche nur sortieren, wenn auch in beschränkter Zahl, eine genauere Klassifizierung am Platze sein.

Beide sind gelernte Kürschnergesellen. Der eigentliche Sortierer sortiert ausschließlich, wie schon der Name besagt, und zwar für fremde Rechnung, für Rauchwarenhändler etc. Der Sackreißer arbeitet ebenfalls für fremde Rechnung außer Haus. Er arbeitet einmal hier und einmal da, einmal dies und einmal jenes, wie es gerade die Zeit mit sich bringt, hier zieht er Felle auf, dort repariert er welche, und hat auf diese Weise jahraus jahrein zu thun, während der Sackreißer in früherer Zeit nur für ein bestimmtes Geschäft thätig war und deshalb unter den toten Zeiten zu leiden hatte. In der letzten Zeit haben sich viele Kürschnergehilfen dieser lohnenden Thätigkeit zugewandt.

Ferner giebt es ca. 8 nicht in fester Stellung befindliche Sortierer, welche gegen einen festgesetzten Preis alle vorkommenden Arten von Fellen sortieren, bündeln etc., sowie teilweise während der Saison (April bis Juni) Füchse schneiden. Jeder dieser Sortierer beschäftigt wiederum je nach Bedarf 2—6 Kürschnergehilfen, Handlanger und Mädchen.

Wie schon früher bemerkt wurde, ist den Kürschnern der erste Teil des Produktionsprozesses, das Verarbeiten des Produktes in rohem Zustande entrissen und nur die Verarbeitung, d. h. die Umwandlung der Halbfabrikate in Ganzfabrikate geblieben. Sie wird von ihnen mit Hülfe von Gesellen und Lehrlingen in ihren Werkstätten vorgenommen. Mehrere beschäftigen Hausindustrielle. Aber auch auf diesem Gebiete erwuchs den Kürschnern eine gewaltige Konkurrenz. Zwischen den Produzenten und Konsumenten schob sich der Kaufmann. Meist nicht technisch, sondern nur kaufmännisch vorgebildete Kapitalisten, Inhaber von Herren- und Damenkonfektionsgeschäften, welche den Rohstoff en gros und deshalb billiger einkaufen konnten, ließen (vor nicht allzulanger Zeit) denselben zurichten und färben und von kleinen in schlechten Verhältnissen lebenden Meistern oder Gesellen, welche durch ihre schlechte Lage gezwungen waren, unter normalen Preisen thätig zu sein, im Verlagssystem verarbeiten. Diese Meister und Gesellen arbeiten gegen Stücklohn, erhalten das nötige Material und verarbeiten es zu Hause. So erspart der Konfektionär die Ausgaben für Werkstätten und Werkzeug. Heutzutage kaufen die auf diese Weise groß gewordenen Konfektionäre neun Zehntel ihres Bedarfs an Fellen zugerichtet und gefärbt. Nicht nur Leipziger, sondern hauptsächlich Berliner Konfektionsgeschäfte, welche mit ihrer Massenfabrikation geringwertiger Artikel den Leipziger Markt überschwemmen, fügen auf diese Weise den hiesigen soliden Kürschnergeschäften großen Schaden zu. Auch diese Geschäfte, d. h. nur die hiesigen Konfektionsgeschäfte, haben große, glänzende in den verkehrsreichsten Straßen der inneren Stadt gelegene Läden.

Zu erwähnen bleibt noch die Boafabrikation, welche größtenteils von Kürschnern, sowie von einem nicht technisch, sondern nur kaufmännisch gebildeten Unternehmer als spezialisierter Mittelbetrieb, wie auch von Rauchwarenhändlern und Handwerkern (Kürschnern, welche neben ihrer Kürschnerei Boafabrikation betreiben) auf dem Wege des Verlagssystems betrieben wird.

Das Ausstopfen und Naturalisieren wird jetzt weniger von Kürschnern als von Leuten, welche sich speziell diesem Erwerbszweig gewidmet haben, ausgeführt.

IV. Herbeischaffung des Rohstoffes durch den Rauchwarenhandel.

Der Arbeitsprozeß im Kürschnergewerbe zerfällt also in den Bezug des Rohstoffs, in das Zurichten und Färben, in das Verarbeiten und in den Verkauf.

Den Bezug des Rohstoffs besorgt der Rauchwarenhändler. Von ihm gehen die Felle zum Zwecke des Zurichtens und Färbens in die Zurichtereien und Färbereien und von da zum Kürschner oder Pelzwarenkonfektionär, um von letzterem weiter verarbeitet und verkauft zu werden.

Als Rohstoff kommen die Rauchwaren in Betracht. Rauchwaren sind mit langen, weichen und dichten Haaren bedeckte Pelzfelle von wilden und zahmen Tieren, welche den Menschen zum Schmuck und zur Kleidung dienen. Es muß zu diesem Zwecke das Haar in seiner vollen Schönheit erhalten bleiben, während die Fleischseite einer konservierenden und die Geschmeidigkeit befördernden Behandlung unterzogen wird. Der Wert der Pelzfelle richtet sich nach Farbe, Schönheit, Dichtigkeit und Weichheit des Haares. Der Pelz ist je nach der Jahreszeit verschieden. Der Winterpelz, zum Schutz gegen die Kälte dienend, ist schöner, dichter und voller als der Sommerpelz und infolgedessen entsprechend wertvoller. Sämtliche vorkommende Preisangaben beziehen sich auf Winterpelze.

Die schönsten und wertvollsten Pelze liefern die nordischen Gegenden Europas, Asiens und Amerikas.

Die Natur des Pelzhandels bedingte es, daß derselbe eine ganz eigenartige Organisation und Gestaltung annahm. Die große Vielzahl der Arten und Qualitäten der Pelzfelle, welche für den Handel eine bequeme Auswahl unter reichen Massen zur Notwendigkeit macht, erfordert die Konzentration des Marktes mehr als bei anderen Artikeln und andererseits war der Besitz der nördlichen Regionen Asiens und Amerikas die Ursache, daß Russen und Engländer die hauptsächlichsten Träger dieses Handelsbetriebes wurden, welche dann im Herzen Europas für den kontinentalen Bedarf einen gemeinsamen Sammel- und Tauschplatz für ihre Artikel suchen und halten mußten. So sind Kiachta und Irbit in Sibirien, Nischny-Nowgorod im europäischen Rußland und so sind London und Leipzig die Mittelpunkte des Pelzhandels geworden. Die Felle Sibiriens und des russischen (früheren) Amerika strömen in Kiachta und Irbit zusammen und werden entweder nach China (zusammen mit den von Europa angebrachten Fellen anderer Provenienz) oder weiter nach dem Westen zumeist über Nischny-Nowgorod, wo sich mit ihnen die europäisch-russische Produktion und jene des nach Rußland gravitierenden Innerasien vereint, gebracht. Von Westen her kommen die außereuropäischen Pelzfelle zunächst auf den Markt von London und auf den Messen von Leipzig treffen sich beide Provenienzen und bilden dort ein großartiges mit allen Arten und Qualitäten ausgestattetes Lager, von dem aus sich nicht nur der europäische Kontinent versorgt, sondern auch bedeutende Mengen wieder nach Osten und Westen zurückströmen.

Der russische Pelzhandel ist zu einem Teil in der Hand der russischen Regierung, welche von den sibirischen Gouvernements einen Teil der Abgaben in Zobel-, Kolinsky- und Eichhörnchenfellen erhebt. Geliefert werden dieselben von den zur Jagd bestimmten Verbannten und den Eingeborenen. Zum andern Teil befindet er sich in der Hand der Russisch-amerikanischen Pelzcompagnie.[1])

Die Bedeutung Londons als Pelzmarkt gründete sich auf die Wirksamkeit und die früheren Monopolrechte der Hudsonsbay-Compagnie. Sie beherrscht den Pelzhandel Kanadas und hat ihren Sitz in Montreal. Sie veranstaltet jährlich drei Pelzauktionen in London.

Das Hauptfanggebiet der Pelzseehunde (dazu der Seebär und die Ohrenrobbe, welche das Sealskin liefern) bildet das Gebiet der Pribylow-Inseln, wo die Alaska-Commercial-Company in San Francisko ihr Privileg ausübt. Doch haben nach Dall, dem besten Kenner Alaskas, Walfischfang und Robbenjagd dortselbst ihr Ende erreicht. Der Pelzhandel ist im Verfall.

Außerdem giebt es noch verschiedene andere Gesellschaften und Handelsfirmen, welche den Pelzhandel in den nördlichen Regionen Nord-Amerikas in Betrieb genommen haben.

Diese Gesellschaften und Firmen senden ihre Waren entweder, wie die Hudsonsbay-Compagny nach London oder direkt nach Leipzig, oder auch nach Newyork, von welch' letzterem Platze sie, in andere Hände übergegangen, gleichfalls entweder an Kommissionshäuser und Makler nach London, oder an Rauchwarenhandlungen nach Leipzig versandt werden. Von den Londoner Kommissionären werden die Felle mehr oder

[1]) Dr. von Scherzer. Das wirtschaftliche Leben der Völker. S. 349.

weniger gut sortiert und in zwei oder dreimal jährlich wiederkehrenden Auktionen, gewöhnlich im Anschlusse an die Auktion der Hudsonsbay-Gesellschaft verkauft. Von London kommt dann wieder ein großer Teil der Vorräte nach Leipzig, das allmählich der Hauptweltmarkt für Pelzfelle und Rauchwaren geworden ist.[1])

Das größte der Londoner Kommissionshäuser ist das von C. M. Lampson & Cie. Lampson & Cie. empfangen ihre Waren von größeren Sammlern Nord-Amerikas, welche ihrerseits die Waren von kleineren Sammlern, deren es eine große Zahl giebt, einkaufen. Seine Auktionen hält Lampson im Januar, März, Juni, Oktober und November ab. Im November werden meistenteils Seales verkauft. Bei weitem die bedeutendste dieser Auktionen sowohl an Qualität wie an Quantität ist die März-Auktion. Lampson & Cie. verkaufen, ebenso wie die Hudsonsbay-Company nur gegen bar. Doch giebt es Firmen, welche für weniger kapitalkräftige Kaufleute den Betrag gegen Provision übernehmen. Der Umsatz dieses Hauses hat den der Hudsonsbay-Compagny überflügelt.

Da durch die Kosten des Londoner Zwischenhandels, welche nach Lomer mehr denn 10 % betragen (Lampson rechnet für Lagerung etc. 5 %), die Ware um ebenso viel verteuert wird, so hat in den letzten Jahren der Warenbezug zum Teil eine direkte Richtung genommen. Verschiedene New-Yorker Firmen haben jetzt in Leipzig Filialen. Durch die Vermeidung dieses Umweges über London und die erzielte direkte Einfuhr der amerikanischen Rauchwaren hob sich das Geschäft in Leipzig bedeutend. Der Umsatz wurde erheblich gesteigert. Der Leipziger Platz wurde, wie er in russischen Waren früher schon allein maßgebend war, von London emanzipiert und berechtigt, die erste Stelle im Rauchwarenwelthandel überhaupt zu beanspruchen.[2])

Von den russischen Handelsplätzen sind für den Leipziger Handel am wichtigsten Irbit und Nischny-Nowgorod. Irbit erhält die Waren größtenteils aus Orenburg im südlichen Rußland, einem der größten russischen Rauchwarenhandelsplätze, welches an der Grenze gelegen, den Endpunkt der Karawanen aus dem Innern Asiens, aus Turkestan und aus dem Lande der Kirgisen etc. bildet. Hier schon werden die Lammfelle gewöhnlich sortiert und, um sie haltbar zu machen, gebeizt. Die Messe in Irbit, der Hauptmarkt für Feh, russisches Eichhörnchen, welche im Februar abgehalten wird, geht der Leipziger Ostermesse unmittelbar voraus und schickt die Waren, welche dort nicht abgesetzt werden, nach dieser. Doch werden in neuerer Zeit in Irbit gekaufte russische Zobel auch in London zur Auktion gebracht. Die Nischny

[1]) Dr. von Scherzer. Das wirtschaftliche Leben der Völker. S. 550.
[2]) S. Hasse, Verwaltungsbericht der Stadt Leipzig 1866/67. S. 356.

Nowgoroder Messe findet im August statt. Von den Vorräten, welche hier in den Handel kommen, geht ebenfalls der größere Teil nach Europa und wird zu 75 % nach Leipzig gebracht, während der kleinere Teil nach Persien, der asiatischen Türkei und China ausgeführt wird.

Der Betrieb des russischen Handels lag im vorigen Jahrhundert ausschließlich in den Händen der Danziger Kaufleute. Sie vermittelten den Warenverkehr zwischen Leipzig, Irbit und Nischny Nowgorod. Zur Ostermesse 1770 trat insofern eine Änderung ein, als die Russen selbst die Leipziger Messen besuchten und den Handel mehr und mehr an sich zogen. Später, zu Anfang unseres Jahrhunderts, besuchten die Leipziger Kaufleute die russischen Plätze und vermieden dadurch die Vermittelung der russischen Importeure. Der Handel wurde somit immer direkter. [1])

Heute werden die Felle teils von den Rauchwarenhändlern direkt auf den großen Messen zu Nischny Nowgorod und Irbit gekauft, teils werden sie zu direktem Verkauf hierher gesandt. Alle diese Felle sind roh, mit Ausnahme der Treibel, welche zugerichtet hier herkommen. Kamschatka-Zobel russischer Provenienz gehen nicht direkt nach Rußland, sondern kommen über Amerika-London nach Leipzig und werden hier wieder vielfach von Russen gekauft. Die Russen kaufen größtenteils deutsche und amerikanische Waren, während die russischen Waren meist von Deutschland, Frankreich, England und Amerika verbraucht werden. Die Russen verkaufen nur gegen bar, nehmen aber von den deutschen Rauchwarenhandlungen einen Kredit von 9—12 und mehr Monaten in Anspruch, worüber in Fachkreisen sehr geklagt wird. Vielfach sind auch Tauschgeschäfte zwischen hiesigen und russischen Händlern üblich.

Auch die mitteleuropäischen Länder besitzen noch heute einen beträchtlichen Reichtum an Pelztieren. Man faßt dieselben zusammen unter dem Namen „Landware“ und versteht darunter alle aus Europa, ausschließlich Rußland, stammenden Rauchwaren, wie rote Füchse, Steinmarder, Baummarder, Iltisse, Ottern, Dachse, Katzen, Hamster, Hasen, Kaninchen, Wölfe, Seehunde und Murmeltiere. Der größere Teil dieser Felle stammt aus Österreich und den Balkanländern, auch aus Italien, Spanien, Dänemark und Deutschland. [2])

Verschiedene bedeutende deutsche Firmen, z. B. in München, Tuttlingen, Biberach, Hersfeld und Lübeck, beschäftigen sich mit dem Handel in deutscher Landware, besonders Landfüchsen, Iltissen und Mardern. Die Inhaber reisen entweder selbst oder sie schicken Einkäufer, welche von Ort zu Ort, von Haus zu Haus ziehen und Felle

[1]) Buddéus: Leipzigs Rauchwarenhandel und Industrie. S. 13.
[2]) Buddéus: Leipzigs Rauchwarenhandel und Industrie, S. 9.

einkaufen. Eine hiesige Rauchwarenhandlung kauft jährlich 25 000 Stück Landfüchse von diesen Sammlern. Gekauft wird nur gegen bar. Diese Firma läßt die Rücken der Fuchsfelle, welche größtenteils von Griechen gekauft und zu Futter verwandt werden, herausschneiden. Die Wammen dagegen gehen nach Rußland als Futter für Damenmäntel. Das Schneiden der Fuchsfelle wird von eigens dazu angestellten gelernten Kürschnern besorgt.

Neuerdings machen sich auch Japan und China durch Sendungen von Fellen, namentlich Schafwaren, roh und zugerichtet, sowie von den augenblicklich hochmodernen Thibetziegen, auf dem Weltmarkt bemerklich.

Sämtliche roh eingeführte Waren unterliegen keinem Zoll. Sind sie vorgearbeitet, so ist der Zoll verschieden, je nach dem Lande der Herkunft.

Der Rauchwarenhandel konzentriert sich in Leipzig in der inneren Stadt, namentlich auf dem Brühl, einer Straße, in welcher sich ein Rauchwarengeschäft neben dem anderen befindet. Sämtliche Hintergebäude dieser Straße bis zur Promenade sind mit den Geschäfts- und Lagerräumen dieser Firmen besetzt und dieselben erstrecken sich nach der entgegengesetzten Richtung weit in die anliegende Reichs- und Nikolaistraße hinein. Zur Zeit der Messen umgiebt uns ein betäubendes Gewirr aller Sprachen der Erde. Angehörige aller Nationen nehmen am Rauchwarenhandel teil, Engländer, Spanier, Italiener, Franzosen, Nordamerikaner, Dänen, Schweden, Holländer, Schweizer, Polen, Rumänen, Ungarn, Griechen, Tataren, Russen und Deutsche. Lomer schätzte die Zahl der jährlich die Leipziger Messe besuchenden fremden Rauchwarenhändler auf 2500. Der Gesamtumsatz wurde von Lomer pro Jahr auf 25 Millionen Mark geschätzt und dürfte jetzt über 50 Millionen betragen.

Die für den Rauchwarenhandel wichtigste der Leipziger Messen ist die Ostermesse. Wichtig für die Kürschner, da dieselben ihre Waren am liebsten in dieser Zeit einkaufen, um sie während des Sommers in der sogenannten toten Zeit verarbeiten zu können, wichtig für die Rauchwarenhändler, da die auf der Februarmesse zu Irbit nicht abgesetzten Waren nach der Leipziger Messe übergeführt werden. Ferner ist die Jahreszeit am günstigsten, da die Winterpelze bedeutend wertvoller sind, als die Sommerpelze.

Interessant und sehr wichtig ist die Art des Absatzes an die verschiedenen Völker. So kaufen Nordamerika, Frankreich, England und Rußland die teuersten Waren, Zobel, Otter, Iltis, Silberfuchs etc.; Deutschland und Mitteleuropa mittlere Waren, Nerz, Bisam, Feh, Skunks etc.; der Süden und die Levante die billigsten

Waren, Fuchs-, Luchs- und Lammfelle etc. Von grundlegender Bedeutung für den Leipziger Rauchwarenmarkt ist die Neigung der Russen für amerikanisches und die Vorliebe der Amerikaner für russisches Pelzwerk. Zu berücksichtigen ist ferner, daß Käufer und Verkäufer nicht lediglich in dieser Eigenschaft auftreten, sondern daß vielfach die Verkäufer der größten Warenposten gleichzeitig die besten Einkäufer repräsentieren.

Leipzig bildet also den Stapelplatz eines großartigen Warenaustausches.

Der Handel mit ausländischen Waren befindet sich in den Händen weniger aber um so bedeutenderer Firmen, während der Handel mit Landware und der Zwischenhandel von vielen hundert Personen betrieben wird.

V. Die Zurichterei und Färberei.

a. Technisches.

Der vom Rauchwarenhandel herbeigeschaffte Rohstoff muß nun zugerichtet oder zugerichtet und gefärbt werden, um zu Bekleidungs- oder Luxusartikeln verarbeitet werden zu können. Die beiden ersten Teile des Arbeitsprozesses besorgt der Zurichter und Färber, den letzten der Kürschner.

Die Zurichterei ist bedeutend älter als die Färberei. Sie zeigt nahe Verwandtschaft mit der Gerberei des Leders und wurde von den Völkern, welche sich zuerst der Pelze als Kleidungsstücke bedienten, schon in frühester Zeit mit großer Geschicklichkeit betrieben. Kam es jedoch bei dieser darauf an, jede Spur von Haaren von der Haut zu entfernen, so ist es das Haupterfordernis der Rauchwarenzurichterei den Pelz in seiner vollen Schönheit zu erhalten und durch die Bearbeitung erst recht zur Geltung zu bringen. Die Pelzfelle, welche, an der Luft getrocknet, hart geworden sind, müssen wieder weich und geschmeidig werden, wenn sie ihrer weiteren Verwendung in der Kürschnerei keine Schwierigkeiten entgegensetzen sollen. Zu diesem Zwecke werden sie zunächst in Wasser oder feuchten Sägespähnen aufgeweicht und danach auf einem gebogenen halbmondförmigen Fleischeisen so lange geschabt, bis jeder Rest von Fleischteilchen entfernt ist. Man nennt diese Prozedur „fleischen“. Ist dies erreicht, so werden sie getrocknet und nachher mit Fett oder einer Mischung aus Thran und Butter bestrichen, wodurch sie unter fortgesetztem Dehnen und Recken vermittels der Walke, bei solchen, welche das Walken nicht vertragen können, vermittels Wittens, die gewünschte Weichheit erhalten. Je nach Bedarf wird dieser Prozeß wiederholt und das Fell sodann, halbabgetrocknet, mit einem zweiten, weniger scharfen Messer bearbeitet (beschnitten oder gebäkelt). Hierauf werden sie umgewendet, so daß das Haar nach außen zu stehen kommt und kommen in die Läutertonnen, deren Rotationsbewegung durch mechanische Kraft erzeugt wird. Die Läutertonne ist, ähnlich einem Mühlrad, innen mit Schaufeln versehen, außen dagegen vollständig mit Blech oder Holz umkleidet. Die Schaufeln haben den Zweck, während des Drehens der Tonne, die Felle in stetiger Bewegung zu erhalten. Die Läutertonne wird mit Spähnen und Sand gefüllt, damit sich das Fett des Haares hineinzieht. Um durch Einwirkung von Wärme eine schnellere Lösung des Fettes zu erzielen, wird zuweilen ein mit glühenden Holzkohlen gefülltes Becken unter die Tonne gestellt. Das Läutern der Felle beansprucht einen Zeitraum von einigen Stunden. Nach vollendetem Läutern (technisch: Fertig-Läutern) kommen die Felle, um Spähne und Sand aus den Haaren zu entfernen, in die sogenannten Schütteltonnen. Diese unterscheiden sich nur insofern von den Läutertonnen, als sie nicht mit Blech, sondern mit einem weitmaschigen Drahtgeflecht umspannt sind. Durch das Aufschlagen der Felle auf dieses Drahtgeflecht werden Sand und Spähne herausgeschleudert. Nach dem Schütteln werden die Felle meistens von jungen Mädchen oder Burschen geklopft. Um das Graue oder Schmutzige des Leders zu beseitigen und ihm ein gefälligeres Äußere zu verleihen, wird die Fleischseite mit Weizenmehl oder rotem (gerötetem) fleischfarbigem Mehl bestreut. Ein schnelles Abfallen desselben wird durch die Behandlung in der Trampeltonne verhütet. Die Trampeltonne, einer kleinen Läutertonne ähnlich, ist mit Kanonenkugeln versehen, zu dem Zwecke, das fleischfarbige Mehl in das Leder hineinzutreiben. Nach dem Trampeln werden die Felle wieder umgewendet und nochmals geschüttelt und geklopft, damit das lose, überflüssige Mehl abfällt. Nach dem Klopfen gehen die Felle durch die prüfende Hand eines Angestellten, welcher sie durchsicht, zählt und in Körbe, Flechten genannt, hineinlegt. Jetzt sind die Felle zum Abliefern an den Auftraggeber fertig.

In der Behandlung der einzelnen Sorten treten je nach der Art und der Widerstandsfähigkeit des Felles Mannigfaltigkeiten ein. Lammfelle werden mit Wasser ganz durchtränkt, gewaschen, gefleischt, mit Beize und Gerstenschrot bestreut, acht bis zwölf Tage in Salzwasser gelegt, dann getrocknet, gebäkelt, geläutert, gereinigt und gestreckt. Kaninchen beizt man zum Teil mit Alaun. Eichhörnchen bestreicht man roh mit Butter, walkt sie, bearbeitet sie mit dem Fleischeisen und reinigt sie mit Sand und Gips. Chinchilla's müssen wegen des außerordentlich feinen Leders und des sehr diffizilen Haares sehr sorgfältig behandelt werden. Die Anwendung der Trampeltonne ist bei ihnen ausgeschlossen. Sie werden in einem Fasse mit bloßen Füßen bearbeitet. Infolge der mühseligen und sorgfältigen Arbeit beschäftigt sich nur ein geringer Teil der hiesigen Zurichter mit ihrer Bearbeitung.

Dieser oder einer ähnlichen Art der Zurichtung sind mehr oder weniger alle Pelzfelle unterworfen. Einzelne jedoch unterliegen noch einer ganz besonderen Bearbeitung. Beeinflußt von der Konjunktur hat sich die Industrie dahin entwickelt, daß sie manchen von der Mode vernachläßigten und nicht mehr gesuchten Artikeln das Aussehen beliebterer Stücke verleiht. Zu diesem Zwecke werden die Pelze geschoren oder gerupft. So wird Bisam nach Ausrupfen der Grannenhaare oder dem Scheren des Felles sealartig braun gefärbt und vielfach als Imitation für Seehund und Biber hergestellt. Ebenso werden Nutriafelle nach einem Enthaarungsprozeß biberartig gefärbt, gleichwie der Schuppenpelz biberartig geschoren wird, um, in seiner natürlichen Gestalt durch die Mode zurückgedrängt, in dieser Form wieder eine hervorragende Verwendung als Besatzstück und Garnitur von Mänteln zu finden.

Bei der Pelzfärberei kommt es, abgesehen von der richtigen Farbenmischung, darauf an, daß die Farbenbrühe nicht über die Temperatur von 34—35° R. erhitzt wird, weil die Felle eine höhere Temperatur nicht vertragen können, sondern zusammenschrumpfen oder, wie der technische Ausdruck lautet, verbrennen [1]). Man unterscheidet zwei Arten von Färben, die Streich- und die Tunkfärberei. Die Streichfärberei findet ihre Anwendung bei amerikanischen Waren, während die Tunkfärberei fast ausschließlich bei Schafwaren zur Verwendung kommt. Der Prozeß des Färbens ist sehr umständlich. Das Fell, welches zum Färben bestimmt ist, muß zunächst getötet (entfettet) werden, um das Haften des Farbstoffes an den Haaren zu ermöglichen. Die Tötung des Haares wird durch Kalk und verschiedene andere, auch geheim gehaltene Mittel bewerkstelligt. Nach der Tötung wird das Fell getrocknet und das Tötungsmittel, Kalk etc., entfernt. Letzteres geschieht bei der Streichfärberei vermittels Läutertonnen. Bei der Tunkfärberei wird die Tötung in sogenannten Waschtonnen (gleich den Schütteltonnen), welche sich in fließendem Wasser drehen, ausgewaschen. Die Tötung geschieht sowohl bei der Tunk- wie Streichfärberei in vielen Fällen mehrere Male. Die richtige Tötung der Felle ist von außerordentlicher Wichtigkeit. Das Färben der Felle geschieht bei der Streichfärberei so, daß man die Farbe mit Bürsten auf das Haar aufträgt (blendet). Dieses Auftragen muß acht bis zehn Mal und noch öfter vorgenommen werden. Bei der Tunkfärberei werden die Felle gleich in die Farbe hineingelegt und mehrere Male mit den Händen darin herumgedrückt. Aus dem Farbebottich kommen die Felle, nicht ganz ausgedrückt, in ein Faß und bleiben ungefähr einen Tag oder je nachdem in der Brühe liegen. Hierauf werden sie in den Waschtonnen rein ausgewaschen, getrocknet und geläutert, um hernach denselben Färbungsprozeß zum zweiten Male durchzumachen. In der Regel muß ein Schaffell nach zweimaligem Färben gut in der Farbe sein, doch kommt es vor, daß bei manchen

[1]) Buddeus, Leipzigs Rauchwarenhandel und Industrie. S. 61.

Fellen die Farbe nicht recht gegriffen hat und zum dritten Male gefärbt werden muß. Ein noch öfteres Färben ist unstatthaft, da das Leder dies nicht aushält und vollständig ruiniert sein würde. Nach dem Färben werden die Felle gewaschen, getrocknet und zum zweiten Male geläutert, gebäkelt und fertig gemacht. Letztere Manipulation besteht im Schütteln und Strecken der Felle. Sind die Felle gut gefärbt, so werden sie sortiert, in Zehnlinge oder Fünfziger gebunden und so zum Verkauf gebracht.

Wie die Zurichterei in London, so stand die Färberei in Frankreich, hauptsächlich in Lyon und Umgegend, in hoher Blüte. Das Schwarzfärben galt dort als unübertrefflich, so daß Leipzig sehr unter dieser Konkurrenz zu leiden hatte. Erst in neuester Zeit ist es gelungen, den Färbungsprozeß zu ergründen.

Allerdings waren die Schwierigkeiten außerordentlich große. Die Haut durfte, wenn sie nicht beschädigt werden sollte, mit dem ätzenden säurereichen Farbstoff nicht in Berührung gebracht werden, und es bedurfte, allen chemischen Kenntnissen zum Trotz, der wiederholtesten und mannigfachsten praktischen Versuche, um das Haften des Farbstoffes an den Fellhaaren zu erreichen. Manche Fellgattungen zeigten sich außerordentlich widerstandsfähig. Erst anfangs der sechziger Jahre waren die Versuche soweit von Erfolg gekrönt, daß das Schwarzfärben auch auf die besseren Sorten der amerikanischen Rauchwaren, wie Schuppen, Opossum, Skunks, und die vielen Kaninarten ausgedehnt werden konnte.

Neben diesen beiden Arten, der Schwarz- und Braunfärberei, welche den bei weitem größten Anteil an der Produktion überhaupt haben, entwickelte sich in geringerem Umfange, aber mit künstlerisch gleichem Erfolge, die Färberei in den helleren Sorten. Zwar weniger im Handel begehrt, bilden sie doch als Imitationsartikel gerade der teuersten Pelzstücke ein wertvolles Objekt. Die Nachahmung z. B. des Silberfuchses und Blaufuchses aus Fellen von weißen Füchsen oder weißen Hasen, wie sie eine Plagwitzer Fabrik als Spezialität betreibt, ist eine täuschende. Es wird hier durch die Kunst ein billiges und vom Echten nicht zu unterscheidendes Ersatzstück der seltenen und darum sehr teueren naturellen Waren geschaffen. Daß das Färben der blaufuchsartigen Artikel bald wieder nachließ und in einigen Fabriken 1887 gänzlich eingestellt wurde, lag an dem Wankelmut der Mode, welche für diesen Artikel keinen Absatz eröffnen wollte, sondern andere bevorzugte. Denn der Einfluß der Mode ist es, der einerseits zwar eine Fülle industrieller Zweige aufrecht erhält und neu ins Dasein ruft, der einen hervorragenden Teil in dem vielgegliederten Getriebe des merkantilen Lebens in Bewegung setzt und mit dazu beiträgt, das Hin und Her des Weltverkehrs nicht ins Stocken zu bringen, — der aber auf der anderen Seite ebenso launenhaft durch ein Machtwort noch kurz vorher beliebte und viel begehrte Handelsartikel aus dem Verkehre streicht, ohne Rücksicht, ob noch reich aufgespeicherte Vorräte der Konsumtion harren. Gerade bei der außerordentlichen Vielartigkeit der Pelzsorten und der schwankenden Beliebtheit, der sie sich erfreuen, würde manches Stück zweifellos entwertet werden, wenn es der Industrie nicht gelänge, auf künstlichem Wege ihm diejenigen Eigenschaften zu verleihen, welche von der unsteten Laune der Mode jeweilig gesucht werden. So bewirkt die Kunst des Färbens erst einen gewissen Ausgleich der wechselnden Strömung dieser Handelsobjekte.

Von den hauptsächlichsten Nachahmungen, welche in wahrhaft künstlerischer Weise hergestellt werden, seien einige wenige angeführt.

Außer den Modifikationen, denen, wie wir schon sahen, Bisam, Nutria, Schuppen unterworfen sind, finden wir neben Kaninchen hauptsächlich sibirische weiße Hasen in der mannigfachsten Bearbeitung. Dieses von den Eis- und Schneefeldern Sibiriens herrührende Fell eignet sich, ebenso wie das des Weißfuchses, infolge seiner Qualität und weißen Farbe zur Anfertigung von Imitationen für viele kostbare Artikel, wie Silber-, Blau- und Schwarzfuchs, Chinchilla u. s. w. Bis 1877 war Lyon ausschließlich maßgebend für das Färben dieser Stücke. Seit dieser Zeit hat sich Leipzig einen gewaltigen Anteil an dieser Produktion gesichert.

Welch hohen Stand der Künstlerschaft die Leipziger Industrie im Schwarzfärben amerikanischer Luchse erlangt hat, wird wohl am sprechendsten durch die Thatsache illustriert, daß dieses Pelzwerk, welches von den amerikanischen Sammlern nach London zu den Auktionen gesandt wurde, in den achtziger Jahren mit Vorliebe von den amerikanischen Konsumenten aufgekauft wurde, um es in Leipzig schwarz färben zu lassen und es dann ungeachtet des hohen Eingangszolles von 20 % für gefärbte Rauchwaren in Amerika wieder einzuführen. Heute hat die unstete Laune der Mode diese Felle aus dem Verkehre gestrichen.

b. Die einzelnen Betriebe.

I. Dampfzurichtereien und Färbereien.

In der Zurichterei wird der Großbetrieb durch den Dampfzurichter, der Kleinbetrieb durch den einfachen oder kleinen Zurichter repräsentiert. An Betrieben, die sich mit der Rauchwarenzurichterei resp. Färberei, wie mit der in umfänglichem Maße betriebenen Kürschnerei befaßten, waren 1887 27 (21) mit zusammen 1029 (931) Arbeitern vorhanden. Von diesen benutzten 20 Elementarkraft für den Betrieb der

Hilfsmaschinen; 18 Anlagen arbeiteten hierbei mit Dampfkraft, eine mit Wasserkraft und eine mit Heißluftmaschine. In den vorerwähnten 18 Betrieben waren im Ganzen 20 Dampfmaschinen mit 222 Pferdestärken und 25 Kessel mit 784,9 qm. Heizfläche aufgestellt [1]). 1894 waren in der Rauchwarenfärberei und Zurichterei 28 Betriebe mit 1644 Arbeitern vorhanden. 27 Betriebe arbeiteten mit Dampf, einer mit Wasserkraft. 1 Betrieb beschäftigte 2 Arbeiter, 2 Betriebe 6—10, 2 B. 11—20, 13 B. 21—50, 6 B. 51—100, 3 B. 101—200, 1 B. 201—500 Personen [2]).

Die Zurichtereien in der Umgegend von Leipzig bearbeiteten im Jahre 1886 nach kompetenter Schätzung ca. 4 960 000 Felle im Rohwerte von ca. 9 220 000 Mk.; wobei für Zurichtelöhne etwa 749 000 Mk. gezahlt wurden.

Gleichbedeutend wie die Zurichterei ist die Rauchwarenfärberei. Mit dem Schwarzfärben von Fellen sind vor ca. 50 Jahren in Leipzig wie in der Umgebung die ersten mit Erfolg gekrönten Versuche gemacht worden, und zwar mit sogenannten Persianer- und Astrachanfellen (Lammfelle aus Persien, Astrachan etc. etc.), wie auch mit dunkelfarbigen Schmaschen und Lammfellen, während später auch weiße Schmaschen und Lammfelle gefärbt wurden. Weiter wurde vor ca. 20 Jahren das Schwarzfärben auch auf die amerikanischen Pelzfelle, wie Schuppen, Opossum, (amerikanische und australische), Skunks, Kanin etc. etc. ausgedehnt.

Die hier in Frage kommenden Schwarzfärbereien färbten, soweit es sich um Astrachan, Schiras, Salzfelle, Ukrainer, Schmaschen und Lammfelle etc. handelt, im Jahre 1887 ca. 1 850 000 Felle mit einem Rohwert von ca. 4 000 000 Mk., wobei für das Zurichten und Färben derselben ein Kostenbetrag von ca. Mk. 490 000,— aufgewendet wurde, während an Schuppen, Opossum, Skunks, Kanin, Füchsen, Hasen, Katzen, Wölfen, Bären, Ziegen, Bisam und dergl., ca. 900 000 Stück im Werte von ca. 1 200 000 Mk. bei einem Farblohn von ca. 290 000 Mk. gefärbt wurden.

Zu dem Schwarzfärben ist später das Braunfärben gekommen, das früher nur in dem sogenannten Blenden der Felle (Färben der Haarspitzen) bestand, und nach und nach in umfänglichstem Maße, insbesondere bei Seehund, Bisam (letztere als Imitation für Seehund), zur Anwendung kam, wobei jedoch der größte Teil der Felle in London gefärbt wurde.

Im Jahre 1881 ist nun dieses Braunfärben durch einen, längere Zeit in Londoner Rauchwarenfärbereien beschäftigt gewesenen, Deutschen,

[1]) Festschrift zur 28. Hauptversammlung des Vereins deutscher Ingenieure Leipzig 1887. S. 119–124.

[2]) Jahresbericht der Handelskammer zu Leipzig. 1894. S. 282.

Namens Ott, auch in hiesiger Gegend, und zwar im Etablissement von H. Steinbeck in Markranstädt, welches 1889 in ein Aktienunternehmen unter der Firma „Rauchwarenzurichterei und Färberei, Aktiengesellschaft vormals Louis Walters Nachfolger“ umgewandelt wurde, eingeführt worden und wird hier in Verbindung mit Schwarzfärberei in umfänglichstem Maße betrieben. In der Steinbeck'schen Fabrik, die die bedeutendste auf dem Gebiet der Rauchwarenzurichterei und Färberei ist, arbeiteten im Jahre 1887 gegen 350 Personen, und es waren hier als Hilfsmaschinen aufgestellt: 23 Läutertonnen, 5 Schütteltonnen, 3 Trampeltonnen, 6 Schlagwalken, 2 Kurbelwalken, 2 Mahlmühlen und 2 Kollergänge für Farben, 1 Siebmaschine für Sägespähne, 1 Bürstenmaschine, 4 Schermaschinen und 5 Zentrifugen. Zum Betrieb dieser Hilfsmaschinen sind 2 Dampfmaschinen von 27 Pferdestärken vorhanden, die von 2 Kesseln mit 164,3 qm. Heizfläche gespeist werden, welche auch den in der Färberei, wie in der Trocknerei nötigen Dampf liefern.

Letztere zählt 8 Trockenräume, die derartig eingerichtet sind, daß gleichzeitig ca. 12000 Felle Platz finden. Die Färberei Steinbecks hat, in Bezug auf Qualität der Arbeit, den Londoner Färbereien den Rang abgelaufen, so daß jetzt größere in Markranstädt gefärbte Quantitäten Felle nach London gesandt werden. Wie bedeutend das in Rede stehende Etablissement ist, geht daraus hervor, daß dasselbe im Jahre 1886 unter anderem ca. 696000 braun gefärbte Bisam, 79000 schwarz gefärbte Schuppen, 130000 schwarz gefärbte australische und 58000 desgl. amerikanische Opossum, sowie gegen 600000 braun gefärbte Fuchsschweife produzierte, während in der Steinbeck'schen Zurichterei in diesem Jahr beispielsweise ca. 700000 Bisam, 80000 Schuppen, 59000 Affen, 99500 Nutria etc. bearbeitet und fertig zugerichtet wurden. An Löhnen (exkl. fester Gehälter) kamen 248655 Mk. zur Auszahlung, während an Farben und sonstigen Betriebsmaterialien (beispielsweise ca. 1600 Ctr. Gallus) für ca. 180000 Mk. gebraucht wurden. In der Färberei werden überdies viele Imitationen hergestellt. So wird beispielsweise Bisam nach dem Ausrupfen der Grannenhaare oder dem Scheren des Felles sealartig braun gefärbt, Schuppen geschoren und biberartig gefärbt, desgl. Skunks und Opossum iltisfarbig, Hase blaufuchsfarbig, Skunks und Opossum marderartig geblendet u. s. w. [1])

Im Jahre 1890 wurden beschäftigt: 56 Zurichtergehilfen auf Stück, 46 Kürschnergehilfen im Wochenlohn, 195 Handarbeiter und 47 Frauen, zusam-

[1]) H. Gebauer, Die Volkswirtschaft im Königreiche Sachsen. Dresden 1893. S. 493.

nen also 344 Personen. Das Aktienkapital betrug 1 200 000 Mk. Im Geschäftsjahr 1889/90 wurden 10 % Dividende bezahlt [1]).

Gefärbt wurden 1889: 1 200 000 Fuchsschweife, 1890 dagegen nur 560 000.

Heute beschäftigt das Etablissement 450 Arbeiter, also 100 Personen mehr. Im Betriebe waren 17 Läutertonnen, 5 Schütteltonnen, 3 Trampeltonnen, 3 Kurbelwalken, 1 Siebmaschine, 1 Kollergang, 2 Bürstenmaschinen, 4 Schermaschinen, 7 Zentrifugen, 5 Klopfmaschinen, 1 Farbmühle und 1 Gallus Brennapparat. Ferner Dampfmaschine von 120 Pferdekräften mit Kessel von 200 qm. Heizfläche und 8 Trockenräume. Zugerichtet wurden 1 200 000 Felle, gefärbt 2 100 000 Felle. Spezialität ist englische und französische Sealfarbe.

Weiter ist hier die Firma A. Herzog in Lindenau zu erwähnen, deren Rauchwarenzurichterei und Färberei 1868 gegründet wurde, und die sich vorherrschend mit der Bearbeitung von Schaffellen befaßt, von denen jährlich etwa 600 000 fertig gemacht werden. An Hilfsmaschinen und maschinellen Einrichtungen waren vorhanden im Jahre 1887: 4 große Läutertonnen, 2 kleine desgl., 3 Schütteltonnen, 2 Wasch- und 3 Entfettungstonnen, ferner 1 Gallusbrenner und 2 Dampffärbefässer. Zum Betrieb der Maschinen dient eine Dampfmaschine von 12 Pferdestärken und 2 Kessel von 73 qm. Heizfläche, die auch den Dampf für die Färberei, wie für die Trocknerei zu liefern hatten. Die Zahl der in dem Herzogschen Etablissement beschäftigten Leute betrug 70.

Die Bearbeitung dieser Felle geschieht auf eigene Rechnung, während das Färben der Astrachan-Felle auf fremde Rechnung vorgenommen wird. Der Wert der gefärbten Treibel (Astrachan) betrug im Jahre 1894 ca. 3 Millionen Mk. für ca. 1 Million gefärbter Felle. Selbstverständlich ist die Zahl der Arbeitskräfte und Maschinen in Folge dieser vermehrten Produktion bedeutend gewachsen. Buenos-Ayres Schmassen, englische und römische Schmassen werden in Leipzig nur von dieser Firma bearbeitet.

In der Dampfzurichterei von A. Herzog in Leipzig-Lindenau werden also Schaf- und Lammfelle aus Buenos-Ayres und England zugerichtet und gefärbt. Außerdem Treibel, Schaffelle aus Rußland. Doch sind diese schon zugerichtet und werden nur gefärbt und zwar auf Rechnung der Besteller, während die anderen Felle auch auf eigene Rechnung gefärbt werden. Von den Fellen aus Buenos-Ayres werden jährlich 150 bis 200 Ballen à 1680 Stück verarbeitet, von den englischen, welche bedeutend teuerer sind, da oft an 20 % eingehen, 40—70 000 Stück

[1]) Festschrift zur 28 Hauptversammlung des Vereins deutscher Ingenieure. Leipzig 1887, S. 122

jährlich. Doch werden diese Zahlen in gewissen Jahren, wenn die Ernten günstig fallen, bedeutend überschritten, so daß eine Gesamtproduktion von 600000 Stück jährlich kaum ausreichen wird.

Die Arbeitsmethode ist folgende: Die Felle werden zuerst in einer großen Wanne eingeweicht, kommen sodann in Waschtonnen, von welchen in dem Etablissement zwei im Betrieb sind, und werden dann an der Fleischbank, gewöhnlich 200—250 Stück von einem Arbeiter täglich bearbeitet, d. h. es werden die Felle vermittels der Fleischbank von den daranhaftenden Fleischteilen befreit. Nachdem die Felle drei bis vier Tage in Salzwasser gelegen haben, werden sie in großen Trockenräumen mit Dampfheizung getrocknet, darauf in Läutertonnen, von denen fünf im Betrieb sind, und zuletzt in Schütteltonnen gereinigt. Die Wasch-, Läuter- und Schütteltonnen werden von einer Dampfmaschine (Bedienung 2 Mann) in Betrieb gesetzt, welche ihrerseits von zwei geräumigen Kesselräumen ihren Dampfbedarf erhält. Die Läutertonnen sind mit Sägespähnemehl gefüllt. Die Felle werden zugeschnitten und von Frauen, 42 an der Zahl, (welche Zahl jedoch häufig, d. h. in gewissen Jahren oder Teilen des Jahres nicht ausreichen dürfte), im Verlagssystem genäht. Dann werden sie vermittels Kratzmaschinen, deren die Fabrik drei besitzt, von Frauen gereinigt. Ist dies geschehen, so werden sie gefärbt, was durch bloßes Eintauchen in die betr. Flüssigkeit bewerkstelligt wird, und in trockenen Schütteltonnen getrocknet. (Treibel werden auf andere Weise gefärbt.) Nach dem Färben werden sie vom Sortierer, welcher in diesem wie in den meisten anderen Fällen Kürschner ist, sortiert. Zum Schluß werden sie gestreckt. Ebenso wie die Felle aus Buenos-Ayres und England werden die Römer behandelt. Der ganze Arbeitsprozeß nimmt drei bis vier Wochen in Anspruch.

Die Fabrik beschäftigt fünfzig Arbeiter und dreißig Arbeiterinnen, insgesamt achtzig Personen. Die Arbeitszeit dauert von sechs Uhr morgens bis sechs Uhr abends mit $^1/_2$ Stunde Frühstücks-, 1 Stunde Mittags- und $^1/_2$ Stunde Vesperpause.

Die an der Fleischbank beschäftigten Zurichter werden im Stücklohn bezahlt, die anderen erhalten Wochenlohn.

Den Frauen ist ein besonderer freundlich aussehender Raum zum Ankleiden und Essen angewiesen, ebenso den Männern, wird aber von letzteren nur wenig benutzt.

Von großer Bedeutung auf dem Gebiet der Rauchwarenfärberei und Zurichterei ist auch die Firma F. A. Sieglitz u. Co., welche in ihren beiden in Plagwitz bezw. Lindenau befindlichen Etablissements im Jahre 1887: 108 Arbeiter beschäftigte und 2 Dampfmaschinen von 40 Pferdestärken, sowie 3 Kessel von 110 qm. Heizfläche in Betrieb hatte. Auch hier werden besondere Spezialitäten hergestellt, und es sind als solche beispielsweise Hasen und Weißfüchse, die blaufuchs- und chinchillafarbig, sowie Luchse, die schwarz gefärbt werden, zu nennen. Wie bedeutend das Geschäft dieser Firma ist, geht daraus hervor, daß dieselbe im Jahre 1886 unter anderen Sachen ca. 22000 Stück Luchse färbte.

Im Jahre 1889 wurden in den beiden Etablissements gefärbt u. a.: 39000 Opossum, 10100 Luchsfelle, 312000 weiße Hasenfelle und keine Fuchsschweife; 1890 dagegen 10000 Opossum, 150000 Luchsfelle, 70000 weiße Hasenfelle und 53000 Fuchsschweife.

Neuerdings hat sich diese Firma der Braunfärberei, wie solche in der Aktiengesellschaft für Rauchwarenzurichterei und Färberei Louis Walter's Nachfolger in Markranstädt getrieben wird, mit Erfolg zugewandt, die sie teils für eigene teils für fremde Rechnung betreibt. Das Etablissement der Firma F. A. Sieglitz u. Co. in Leipzig-Plagwitz beschäftigt augenblicklich 60 Arbeiter und Arbeiterinnen. An Löhnen wurden im Halbjahr 1896 gezahlt: Mk. 27343.19. Von Maschinen waren im Betrieb: 1 Waschtonne, 5 Läutertonnen, 2 Schütteltonnen, 1 Kollergang, 1 Bürstenmaschine, 2 Zentrifugen, 3 Exhaustoren und 1 Imprägniertonne; ferner 1 Dampfmaschine von 15 Pferdekräften und 1 Kessel von 40 qm. Heizfläche und 2 Trockenräume von 310 qm. Die Zahl der gefärbten Felle betrug im 1. Halbjahr 1896: 129989 Stück.

Die einzelnen Arten waren: 1856 Hasen, 1740 russische Iltisse, 57688 australische Opossum, 18693 amerikanische Opossum, 6952 Schuppen, 241 w. Füchse, 400 Walabies, 1239 japanische Füchse, 740 Thibetziegen, 3365 Mouflon, 398 Ziegen, 100 Ziegenkreuze, 1169 Rotfüchse, 4217 Skunks, 15089 Murmel, 15802 Bisam und 300 verschiedene Felle.

In der Firma F. A. Sieglitz u. Co. in Leipzig-Lindenau sind beschäftigt 45 Arbeiter und Arbeiterinnen. An Arbeitslöhnen wurden im 1. Halbjahr 1896 gezahlt: M. 16036.21. Von Maschinen waren im Betrieb: 1 Waschtonne, 5 Läutertonnen, 3 Schütteltonnen, 1 Kollergang, 1 Bürstenmaschine, 4 Zentrifugen, 2 Exhaustoren und 4 Imprägniertonnen. Ferner eine Dampfmaschine von 30 Pferdekräften und 2 Kessel von je 35 qm. Heizfläche. Trockenräume waren 3 vorhanden mit 419 qm. Die Zahl der gefärbten Felle betrug im 1. Halbjahr 1896: 143910 Stück.

Von einzelnen Arten waren vertreten: 91536 Hasen, 9502 Iltisse, 13015 australische Opossum, 833 amerikanische Opossum, 9310 Schuppen, 9101 w. Füchse, 3138 Walabies, 1357 japanische Füchse, 2769 Thibet, 1066 Mouflon, 200 Ziegen, 130 Skunks, 723 Luchse und 1203 verschiedene Felle.

Ein dem letztgenannten ähnlicher Betrieb, die Firma Rödiger und Quarch in Gohlis, in welcher im Jahre 1887 30 Arbeiter thätig waren, hatte in demselben Jahre eine Dampfmaschine von 12 Pferdestärken, sowie einen Kessel von 30,5 qm. Heizfläche in Benutzung.

Heute beschäftigt diese Firma in Möckern ca. 60 Arbeiter. Von Maschinen waren im Betrieb: 4 Läutertonnen, 2 Schütteltonnen, 2 Waschtonnen, 2 Zentrifugen, 2 Schermaschinen, 1 Gallusmahlmaschine, 8 Farbkessel, 1 Exhaustor, 1 Dampfmaschine von 25 Pferdekräften, 1 Pumpe, 1 Pulsometer und 1 Dampfkessel.

Für eigene Rechnung färbte die Firma: Persianer, Breitschwänze, Schiras, Salzfelle, Astrachans, Taluppen etc. Für fremde Rechnung im Lohnwerk: Hasen, Opossum, Füchse, Schuppen, Bisam etc., ferner Imitationen von Chinchilla, Nutria, Biber, Skunks, Bär etc.

Die Firma Erler u. Co. in Leipzig-Plagwitz beschäftigt 35 Arbeiter und Arbeiterinnen. An Arbeitslöhnen wurden gezahlt im Jahre 1895: Mk. 23 158.—

Von Maschinen waren im Betrieb: 9 Läutertonnen, 3 Schütteltonnen, 1 Siebtonne, 1 Kollergang für Farben, 1 Bürstenmaschine, 2 Schermaschinen, 1 Zentrifuge, 2 Klopftonnen, 1 Gallusmühle, 3 Exhaustoren. Von Dampfmaschinen: 1 Lokomobile von 30 Pferdekräften und 1 Dampfkessel. Außerdem 2 Trockenräume à 144 qm. = 288 qm.

Gefärbt wurden im Jahre 1895: 286 426 Felle und 1 512 Schweife. Davon waren: 227 591 Bisam, 30 117 Hasen, 10 213 Murmel, 9 188 Opossum, 6 355 Kanin, 2 594 Nutria, 112 Biber, 177 Otter, 79 Whitecoat und 1 512 Fuchsschweife.

Nur auf eigene Rechnung arbeitet die Firma Theodor Thorer in Lindenau.

Als Etablissements, die sich lediglich mit der Rauchwarenzurichterei befassen und Rauchwarenfärberei nicht besitzen, müssen hier noch die von Karl Debus mit 137 und Aug. Tunger mit 80 Arbeitern, beide in Markranstädt, genannt werden. Diese Fabriken benutzen zum Betrieb Läutertonnen, Walken etc., Dampfkraft, und es sind hierzu bei Debus 2 Dampfmaschinen von 28 Pferdestärken und 2 Kessel von 113,7 qm. Heizfläche aufgestellt, während in dem Tunger'schen Etablissement eine Dampfmaschine von 12 Pferdestärken und 2 Kessel von 47,4 qm. Heizfläche in Benutzung sind.

Neuerdings ist von der Firma Debus eine Rauchwarenfärberei in großem Style eingerichtet worden. Ferner ist als ausschließliche Zurichterei das Etablissement von Franke als das nächstgrößte dieser Art in Markranstädt zu erwähnen. Weiter in Lindenau als vorzugsweise Zurichtereien: Wilhelm Jeuthe, Schönwald und Robert Herzog.

Außerdem giebt es noch viele kleine Zurichtereien in Markranstädt, Lindenau, Plagwitz, Rötha u. Schkeuditz.

Als größere Rauchwarenfärberei für fremde Rechnung ist noch C. F. Th. Lindner in Rötha, Richard Freese in Taucha und Gebr. Zacharias in Lindenau, sowie Barthel in Hänichen zu erwähnen. Phantasiefarben (Skunks, Opossum etc.) stellt Richard Lindner in Wahren her.

II. Der kleine Zurichter.

Die kleinen Zurichter wohnen ausschließlich in den Vororten, so in Lindenau, wo es 6—7 giebt, in Markranstädt, Rötha und Schkeuditz. Sie arbeiten im Lohnwerk für Rauchwarenhändler und Kürschner, seltener für Konfektionäre. Sie haben keine Maschinen, sondern benutzen gegen entsprechende Entschädigung die der Dampfzurichter. Die hierbei notwendigen Verrichtungen, also „Walken", „Läutern" und „Schütteln" werden nach der Stunde bezahlt. Sie richten nur zu und sind daher dem Kürschner gegenüber, der die tote Zeit im Sommer mit Arbeiten auf Vorrat ausnützen kann, im Nachteil, da sie ohne vorhergegangene Bestellung nicht arbeiten können. Sie haben also unter der toten Zeit zu leiden. Von vielen Rauchwarenhändlern und Kürschnern bevorzugt, da man vielfach der Meinung ist, daß sie besser und sorgfältiger arbeiten als der große Zurichter, engagieren sie, die im Anfang allein thätig waren, je nach Bedarf Gesellen und vergrößern auf diese Weise allmählich ihr Geschäft, so daß viele neben einigen Lehrjungen in der besten Zeit 6—10, durchschnittlich 3 Gehilfen beschäftigen. Sie haben bei dem größeren Vertrauen, das sie, wie gesagt, vielfach den großen Betrieben gegenüber genießen, ihr gutes Auskommen. Konkurrenz machen sie nur den größten Zurichtereien, wie z. B. der Aktiengesellschaft Louis Walters Nachfolger in Markranstädt, von denen übrigens viele selbst aus solchen kleinen Anfängen hervorgegangen sind. Einige der kleinen Zurichtereien richten nur Wildwaren, andere nur Schafwaren zu; erstere Arbeit ist vorteilhafter, da sie besser bezahlt wird.

Die Lehrlinge werden ausschließlich zu Zurichtern ausgebildet.

Die Gesellen erhalten größtenteils Stücklohn.

Werkzeug, also Messer, Schere, Zange und Nähnadel, brauchen dieselben nicht, da alles vom Arbeitgeber geliefert wird. Letzterer besitzt mehrere Fleischbänke, verschiedene in der Wand eingeschraubte Stollen zum Rumziehen der Felle, Klopfstöcke, Kämme, verschiedene Scheiden zum Strecken der Felle, mehrere Falzbäume und Falzeisen, Rumpeleisen und Rumpelbäume, sowie verschiedene Fässer. Außerdem muß jeder kleine Zurichter im Besitze einer Läuter- und Trampeltonne sein, da er oft so kleine Partien zu verarbeiten hat, daß sich ihre Sendung in die Fabrik nicht lohnen würde. Beide sind Handbetriebe.

Seine Werkstatt hat der kleine Zurichter in seiner Wohnung.

VI. Kürschnerei.

a. Technisches.

Sind die Felle zugerichtet und gefärbt, so erhält sie der Kürschner zur weiteren jetzt endgültigen Verarbeitung. Erfordert das Zurichten und Färben viel Mühe und Geschicklichkeit, so ist auch das letzte Stadium des Produktionsprozesses mit nicht geringerer Arbeit und Sorgfalt verknüpft.

Die vom Zurichter kommenden Felle zeigen mancherlei Unvollkommenheiten, welche entfernt und ausgebessert werden müssen. Man nennt dies in der Kürschnerei „Anbrachen". Es wird von den Kürschnern oder ihren Gesellen in den Werkstätten besorgt.

Die angebrachten Felle werden nun genäht, angefeuchtet, indem man sie in feuchte Sägespähne hineinlegt, nach allen Seiten hin tüchtig durchgearbeitet und dann gestreckt. Durch letztere Manipulation erhält das Fell eine glatte und natürliche Façon. Das Nähen wird von Näherinnen teils im, teils außer dem Hause, teils mit Nähmaschine, teils durch Handnähen, besorgt. Das Strecken geschieht mit dem Streckholz oder mit dem Streckeisen. Runde Felle werden so gestreckt, daß sie über in Façon geschnittene gut geglättete Brettchen von dünnem Holze (Scheiden) oder über dreiteilige Scheiden, letzteres bei größeren Fellen, namentlich Füchsen, mit dem Haar nach innen aufgespannt werden.

Der Kürschner, welcher seine Waren en gros eingekauft hat, muß nun dieselben sortieren. Das Sortieren der Felle hat den Zweck, dieselben so zusammen zu stellen und zu ordnen, daß eine größtmöglichste Gleichheit der einzelnen Felle unter einander, namentlich in Bezug auf die Farbe, erzielt wird. Je größer die Zahl der eingekauften Felle ist, um so leichter ist es, ein gutes Sortiment zusammenzustellen. Der Kürschner, welcher seinen Bedarf im Großen einkaufen kann, ist also dem kleinen Meister gegenüber, welcher in seinem Einkauf beschränkt ist, bedeutend im Vorteil. Das Sortiment, resp. die Verpackung geschieht in Bündeln von zehn Stück, sogenannten Zehnlingen oder solchen von zwanzig bis vierzig Stück, sogenannten halben oder ganzen Zimmern. Das Sortieren geschieht zum Zwecke des Wiederverkaufs und des eigenen

Verbrauchs. Ist schon beim Sortieren für den Handel das Streben nach möglichst großer Gleichmäßigkeit der Farbe und nach möglichster Egalität, welch' letztere vielfach außer Acht gelassen wird, da immer größere Felle mit mittleren oder kleinen gemischt werden, erforderlich, so ist ein genaues und sorgfältiges Aussuchen und Aneinanderpassen gleicher Felle die erste Bedingung beim eigenen Verarbeiten und unumgänglich nötig zur Erzielung schöner fertiger Ware.

Das Zuschneiden, Nähen und Sortieren der Felle ist die Hauptthätigkeit des Kürschners und erfordert genaueste Kenntnis der eigentümlichen Eigenschaften der verschiedenen Fellsorten, sowohl was die verschiedenartige Qualität und Feinheit des Haares, als die Elastizität des Leders betrifft. Die Schönheit des Felles zu heben, die Zeichnung und Farbe desselben zu erhöhen, und gleichartige Felle in der verlangten Form mit Schonung aller Eigentümlichkeiten zu einem dem Auge wohlgefälligen Ganzen zu vereinigen, das ist die Hauptkunst des Kürschners und hängt in erster Linie von der Geschicklichkeit und dem Schönheitssinn des Zuschneiders ab.

Unter den vielerlei Artikeln, welche vom Kürschner angefertigt werden, nehmen die zur Winterkleidung dienenden Pelzarten das meiste Interesse in Anspruch. Die Pelzfutter werden von allen Fellsorten vom feinsten Zobel und Nörz bis zum einfachen Bisam etc. größtenteils im Sommer auf Vorrat gearbeitet, um in der Saison, d. h. im Winter zur Anfertigung von Herren- und Damenpelzen verwandt zu werden. Die Außenseite der Pelze besteht größtenteils aus Stoff. Die weniger teueren Pelze werden mit geringeren Fellarten mit Lamm-, Katzen-, Kanin u. s. w. gefüttert, besetzt dagegen mit anderen besseren und moderneren Pelzsorten. Reise- und Jagdpelze für Herren werden mit dichtem schwerem Futter versehen, während Damenpelze leichteres aber auch sehr wertvolles Futter erhalten. Bauernpelze werden von schwarzen Lammfellen teils mit teils ohne Bezug in verschiedener Art hergestellt.

Reise-, Jagd- und Bauernpelze erhalten kräftigere dem Zweck entsprechende; alle anderen, sowohl Herren- als Damenpelze, leichtere, teilweise aus kleineren Fellstückchen wie Zobelkehlen, Zobelklauen, Zobelseiten, Fehköpfen u. s. w. zusammengesetzte Futter. Das Auswählen und Aneinandersetzen dieser kleinen Felle oder Fellstückchen wird so vorgenommen, daß dieselben eine hübsche gefällige Zeichnung erhalten. Bevor sie zum Futter zusammengesetzt werden, werden sie in kleine Tafeln oder Zeilen verarbeitet.

Nicht nur bei der Anfertigung von Pelzen, sondern auch bei jeder anderen Kürschnerarbeit spielt das richtige Zuschneiden und ordnungsmäßige Zusammenstellen der Felle, wie auch das sogenannte Aus- und Einlassen derselben eine große Rolle. Durch das Auslassen kann man ein Zobelfell durch verschiedene Einschnitte bedeutend länger machen, als es von Natur war, ohne daß man auf der Haarseite des Felles die Einschnitte und Nähte bemerkt. Besonders bei der Anfertigung von Müffen ist diese Manipulation nicht zu umgehen, da nur auf diese Weise solche von schöner Zeichnung und Façon zu erzielen sind. Beides, das Zuschneiden und Zusammenstellen, sowie das Aus- und Einlassen der Felle ist zwar mühevoll, aber für den Kürschner von nicht zu unterschätzendem Vorteil.

An die eben besprochene Manipulation schließt sich das Galonieren der Felle an. Man zerschneidet irgend ein haarreiches Fell in ungefähr sechs Millimeter bis fingerbreite Streifen und näht ebenso breite seidene oder leinene Bändchen dergestalt zwischen dieselben, daß der Breite nach immer ein Bändchen einem Pelzstreifen folgt. Das dichte und lange Haar breitet sich aus und bedeckt die Zeugstreifchen vollständig, sodaß neben der Ersparung an Material eine bei manchen Kleidungsstücken wünschenswerte größere Leichtigkeit und Gefälligkeit erzielt wird. Bei kurz- oder dünnhaarigen Fellen kommt das Galonieren nicht in Anwendung. Bei vielen Fellen ist das Galonieren notwendig. Es giebt feine Rauchwarengattungen, deren Haar so dicht und voluminös ist, daß sie durch dasselbe ein bedeutend besseres Aussehen erhalten, z. B. Blau- und Weißfüchse; ferner ist es bei teueren Rauchwaren von großem Vorteil. Von einem galonierten Blau- und Weißfuchs kann man das Doppelte erzielen, wie von einem nicht galonierten. Galoniert werden außer anderen Fellsorten besonders viele Arten von Schweifen, die für Besätze und Müffe tauglich sind.

Die Boas, die bekannten schlangenförmigen Binden, welche die Damen um den Hals legen, macht man von gewöhnlichen und edlen Pelzsorten und zwar meistens aus Schweifen. (Fehschweif-, Fuchsschweifboas etc.)

Vielfach werden im Rauchwarenhandel die Pelzfelle von größeren Raubtieren etc., von Bären, Löwen, Tigern, Panthern, weißen, schwarzen und graublauen Wölfen, Luchsen u. s. w. naturalisiert zum Verkauf gebracht. Dies heißt, die Köpfe der Felle sind genau wie beim Ausstopfen behandelt. Sie sind mit Füllung, Gebiß und Glasaugen versehen. Solche Felle bilden Schaustücke und dienen als Dekorationen von Kürschner-Schaufenstern, Jagd- und Waffensammlungen, Prunksälen, Salon- und Zimmereinrichtungen, ferner als Bettvorlagen u. s. w.

b. Einkauf des Rohstoffs.

Die Kürschnerei ist Saisongewerbe. Der Verkauf findet hauptsächlich in den Wintermonaten statt, da das Publikum erst bei Eintreten kälterer Temperatur an den Kauf von Pelzwaren denkt. Doch hat es sich in neuerer Zeit in Amerika, England, Frankreich, teilweise auch in Deutschland eingebürgert, daß namentlich in Seebädern schon im Sommer an kühleren Tagen Pelzwaren getragen werden, was dem Beschauer wohl einigermaßen lächerlich vorkommen mußte, für die Kürschner aber von großem Vorteil war. Sehr wesentlich ist es, daß die Kälte zeitig eintritt, damit die Mode sich nicht vom Geschmack für Pelzsachen abwendet. Bei nach Weihnachten eintretender kalter Witterung, auch wenn sie noch so dauernd wäre, ist nie dasselbe Geschäft zu machen, als wenn sie vor Weihnachten eintritt. In Deutschland kommen in erster Linie die Weihnachtsgeschenke in Frage. Es ist eine alte Erfahrung, daß in lauen Vorwintern die Goldschmiede ein besseres Geschäft machen, als die Kürschner. Der zärtliche Gatte schenkt in diesem Falle seiner Frau lieber einen Goldschmuck als einen Pelzschmuck.

Betrachten wir die verschiedenen Stadien der Saison. Für den Einkauf roher Felle ist in den Sammelländern im Sommer nie Saison, weil alle behaarten Tiere in dieser Zeit nur dürftige Felle besitzen. Im allgemeinen tritt in fast allen Ländern die Einkaufszeit mit den ersten Frösten ein, da die Jäger und Fallensteller ihr Werk nicht eher beginnen. Man unterscheidet: 1) frühgefallene (kurz behaarte) Felle, 2) gute Winterware (dicht behaarte), und 3) nachgefallene (dünn behaarte) Ware. Letztere ist diejenige, welche in die Zeit fällt, wo die Winterhaare wieder ausfallen. Es ist zu bemerken, daß sich nicht alle Tiere gleichmäßig einer dieser Gattungen einreihen. So ist z. B. in Nordamerika das Stinktier (Skunks) schon im Dezember gut behaart, während in denselben Gegenden, also bei gleichen Temperaturverhältnissen, die Bisamratte erst im Februar den Namen guter Winterware verdient. Selbstverständlich sind die Ursachen in der Lebensweise der Tiere zu suchen. Ist doch in strengen Wintern das sibirische Eichhörnchen an Rumpf und Schweif oft schlechter behaart, als in milderen, weil sich die Tiere in ihre Höhlen und Nester zurückziehen und zusammengerollt mit Kopf und Gebiß an den betr. Teilen herumarbeiten.

Es kommt sehr auf die Schnelligkeit der Verkehrsmittel und die Betriebsamkeit der Sammler an, ob die Thätigkeit der Roheinkäufer, d. h. derjenigen, welche die Waren den großen Handelsplätzen zuführen, zeitig beginnen kann oder nicht. Ende Januar sind schon große Posten frischer sibirischer Waren auf dem großen Meßhandelsplatz Irbit anzutreffen, die aber oft Wochen und Monate gebrauchen, ehe sie die deutschen Handelsplätze, speziell Leipzig, erreichen. Die Londoner Rauchwarenauktionen im Januar bringen stets schon einen Teil im gleichen Winter in Amerika geernteter Rohfelle. Die dortige März-auktion führt uns größere Quantitäten der in der zweiten Kategorie erwähnten Winterware zu; die Juniauktion bringt schon in manchen Artikeln viel nachgefallene Waren. Von den eben genannten Handelsplätzen und von anderen, wie Moskau und New-York, ferner aus Skandinavien, Frankreich, Italien, Österreich, Türkei, Kleinasien und den deutschen Provinzen strömen vom Januar und Februar ab die rohen Waren dem Hauptstapelplatze Leipzig zu, für den also die Saison des Rohhandels in dieser Zeit beginnt. Schon vor und während der berühmten Ostermesse werden hier die bedeutendsten Abschlüsse gemacht.

Rußland kauft die Produkte von Nordamerika, z. B. schwarze Füchse, Silberfüchse, Bisamratten, virginische Iltisse, Waschbären, Skunks u. s. w.; Skandinavien, Gelbfüchse, Blaufüchse, die deutschen, französischen und italienischen Wildwaren Otter, Füchse, Marder und Iltisse; Frankreich, England und Nordamerika die russischen Produkte, z. B. Persianer, Eichhörnchen, Hermelin, Kolinsky, Krimmer, Astrachan u. s. w.; Nordamerika außerdem die deutschen schwarzen Katzen, Marder und Iltisse. Die deutsche und österreichische Konfektion und Kürschnerei kaufen südamerikanische Sumpfbiber (Nutria) und Chinchillas, russische Murmeltiere, nordamerikanische Nerze, Zobel, Bisamratten, Skunks, Waschbären und in geringerem Umfang viele andere Artikel. Die Türkei und Kleinasien beziehen hier in Leipzig rote Füchse und Zobel aus Nordamerika, Kolinsky und Weißfüchse aus Rußland und Sibirien; und so setzt sich der Warenaustausch in den verschiedenen Ländern weiter fort. Nur in den seltensten Fällen kaufen die Länder ihre eigenen Waren auf, doch werden auch dann nur geringere Gattungen davon betroffen.

Mit den vorerwähnten Warenzuflüssen beginnt in den ersten Monaten des Jahres die erhöhte Thätigkeit der Zurichtereien und Färbereien. Zwar sind beide Erwerbszweige das ganze Jahr hindurch in Thätigkeit, doch ist ihre Hauptsaison in den Monaten Februar bis Juni, weil in dieser Zeit viele Waren für Rechnung der deutschen Händler und auswärtigen Aufkäufer fertiggestellt werden müssen.

Man kann sagen, daß der Arbeitsumfang in dieser Zeit, sowie die Zahl der beschäftigten Lohn- und Hülfsarbeiter in vielen Betrieben viermal so groß ist als in den übrigen Teilen des Jahres. Die intensivere Arbeitsthätigkeit ist um so notwendiger, als die En gros-Kürschnereien schon um diese Zeit beginnen müssen, ihre neuen Muster anzufertigen, da ihre Reisezeit meistens schon im April und Mai beginnt. Sie warten gewöhnlich das Resultat der ersten Reisen ab und regeln danach ihre größeren Einkäufe. Die Spezialisten, z. B. die Bisammanufakturisten, sind aus ähnlichen Gründen genötigt, schon im Januar größere Einkäufe in Rohwaren zu machen, um ihren Abnehmern während des Frühjahres mit genügenden Sortimenten entgegentreten zu können.

Die Detailkürschner, welche sich mit eigener Fabrikation bebeschäftigen, kaufen ihre rohen Waren gern schon im Frühjahr nach den Londoner Januar- und Märzauktionen ein, und geben sie den Zurichtern zur Verarbeitung. In früheren Zeiten pflegten sie sich, wie wir schon gesehen haben, diese Waren selbst zuzurichten, doch ist diese Thätigkeit nach und nach an die Zurichtereien übergegangen, da dieselben vermöge ihrer größeren Leistungsfähigkeit derartige Arbeiten billiger liefern können und weil außerdem oft der Fall eintritt, daß die Detailkürschner keine Arbeiter finden können, die gut zurichten und zu gleicher Zeit gut mit der Nadel (der Galanteriearbeit) umzugehen wissen. Den Sommer hindurch arbeiten die Detailkürschner auf Vorrat. Ihre Verkaufssaison beginnt immer erst mit Eintritt der kalten Witterung. So sind sie im Vergleich zu anderen Gewerben, welche das ganze Jahr zu thun haben, im Nachteil.

Aus dem Vorhergehenden ist ersichtlich, wie die Rohfelle nach und nach in die Hände der Detaillisten und des Publikums gelangen. Wir haben nun in Betracht zu ziehen, in welcher Form der Einkauf vor sich geht. Das alte System des Tauschhandels, welches in früheren Zeiten die Hauptgrundlage des Pelzhandels bildete, ist abgeschafft. Nur in weit von der Kultur abgelegenen Einkaufsstationen, z. B. der britischen Hudsonsbay-Compagnie oder in sibirischen Distrikten kommt es noch in dieser Form vor. So ist in Sibirien noch die Form des Tributs vorhanden, sodaß der Regierungsbeamte als Hauptsammler auftritt. Im übrigen wird mit Geld bezahlt. Der deutsche Jäger trägt seine Felle zum Kürschner der nächsten Stadt, der Indianer in Britisch-Nordamerika zu den Stationen der Hudsonsbay-Compagnie, der Farmer in den Vereinigten Staaten zum Materialwarenkrämer des nächsten Marktfleckens, und der sibirische Nomade giebt sie vorüberziehenden Handelskarawanen mit. Nach diesen Einzelsammlern treten erst die größeren Sammelstellen in ihre Rechte. In fast allen Ländern sind es Großkaufleute resp. große Handelsgesellschaften, die den Einzelsammlern ihre Waren abnehmen und durch Sortieren und Verpacken zum weiteren Verkauf vorbereiten.

Eine der größten Handelsgesellschaften ist die auf Anteilscheine gegründete Hudsonsbay-Compagnie zu London. Sie verkauft die Waren Nord-Amerikas, Australiens und Ostasiens durch Auktionen. Verkauft wird gegen bar, doch übernehmen einzelne dortige Firmen die Auszahlung und Verpackung gegen Provision, gewähren auch den auswärtigen Händlern gegen Zinsvergütung Erleichterung in der Bezahlung. Einige der vorerwähnten Auktionsfirmen haben die Einrichtung getroffen, daß man je nach den Umständen die Waren 3--6 Monate in den Lagerhäusern der verkaufenden Firmen liegen lassen und dann erst gegen

Bezahlung und Zinsvergütung herausnehmen kann, was für Spekulationsartikel von großem Werte ist.

Wenn die Ware in Leipzig zum Verkauf zurecht gemacht ist, finden sich selten Cassa-Käufer. Es wird vielmehr nach dem In- und Auslande auf lange Termine verkauft. Im deutschen Großhandel mit Rauchwaren bildet ein Ziel mit 6 Monaten die Regel. Rußland kauft selten auf so kurze Termine und weiß in den meisten Fällen einen Kredit von 9—12 Monaten zu erlangen. Dies gilt für Händler und Großkürschnereien. Dagegen giebt es unter den Detailkürschnern viele Barkäufer. Meistens sind es Inhaber altbewährter Werkstätten in größeren Städten oder von Kleinbetrieben in Marktflecken. Im Allgemeinen gilt die Regel, daß der Kürschner das, was er im Frühjahr einkauft, nach Weihnachten, wo er das meiste Geld eingenommen hat, bezahlt. Gewisse Artikel haben zu diesen Kreditformen eine Sonderstellung eingenommen. So gilt für deutsche und französische Wildwaren Füchse, Marder, Iltisse die Regel, daß sie netto Kasse bezahlt werden. Gleiches ist bezüglich roher Lammfelle gäng und gäbe. Französische Halbfabrikate, wie gefärbte Kanin, Gänse, Schwäne etc. werden öfters netto 3 Monate gehandelt. Es verbleiben also die langen Ziele in der Hauptsache für russische, amerikanische, australische und ostasiatische Waren. Accepte werden von deutschen Kürschnern fast nie gegeben, sondern die Beträge bleiben meist offen im Buche stehen. Eher gewöhnt zu acceptieren sind die fremden Händler.

Auch in den Konkurrenzverhältnissen spielt der günstige Einkauf des Rohstoffes eine große Rolle. Unterziehen wir dieselben einer genaueren Betrachtung, so haben wir im Kürschnergewerbe zwei Arten von Wettbewerb zu unterscheiden: die Konkurrenz von Außen und die Konkurrenz von Innen, d. h. die Konkurrenz, welche den Kürschnern von außerhalb des Gewerbes stehenden Elementen, den Konfektionären u. s. w. gemacht wird und die Konkurrenz innerhalb des Gewerbes selbst.

Zunächst jedoch beschäftigt uns die Frage: Konkurrieren die Leipziger Zurichtereien und Färbereien sowie die dortigen Rauchwarenhandlungen mit dem Leipziger Handwerk? und wir können dieselbe bei ersteren insofern mit Ja beantworten, als sie den Kürschnern die ersten Stadien des Produktionsprozesses entrissen und ihnen auf diese Weise durch die Loslösung des lohnendsten Teiles des Arbeitsprozesses großen Schaden zugefügt haben. Ähnlich verhält es sich mit den Rauchwarenhandlungen insoweit, als sie sowohl den Einkauf des Rohstoffes, als auch die Herstellung von Halbfabrikaten und zwar auf dem Wege des Verlagssystems übernommen haben. Es sind dies die sogenannten Tafeln, an- oder übereinander gesetzte Fellstückchen, welche in dieser Form von den Kürschnern zur weiteren Verarbeitung gekauft zu werden pflegen. Der Rauchwarenhändler ist durch seine Produktionsweise in der Lage, dieselben bedeutend billiger herstellen lassen zu können, als der Kürschner, und hat auf diese Weise diesen Teil des Produktionsprozesses an sich gerissen. In der Gegenwart ist von dieser Konkurrenz nur wenig zu bemerken. Die Kürschner kaufen die Halbfabrikate, ohne sich der gewaltigen Schädigung, welche ihnen durch die Entreißung dieser Arbeitsteile zugefügt wurde, bewußt zu sein; (d. h. die Kürschner sind sich der ihnen hierdurch entstandenen Nachteile allerdings bewußt, aber die Gewohnheit und die Unmöglichkeit, diese Arbeitsgebiete zurückzugewinnen, haben den Konkurrenzneid beseitigt).

Ihre Hauptgegner sind jetzt die Konfektionäre, die Vertreter des von kaufmännischen Elementen ausgehenden Wettbewerbs. Es ist hier zu bemerken, daß hauptsächlich der kleine Kürschner unter allen diesen Verhältnissen zu leiden hat, während der große fast gar nicht und der mittlere nur in geringerem Maße hiervon betroffen wird. War die Loslösung der Zurichterei und Färberei lediglich technischen Verbesserungen zuzuschreiben, so sehen wir heute als mächtigsten Gegner des Handwerks das Kapital. So eröffnete sich von Berlin aus eine starke Konkurrenz, indem die dort entstandenen bedeutenderen mit Kürschnereien verbundenen, d. h. Kürschner beschäftigende, Konfektionsgeschäfte große Mengen minderwertiger Waren, welche in großen Massen fabriziert werden, auf den hiesigen Markt brachten und das solide Kürschnergeschäft in Leipzig arg bedrängten. Auch in Leipzig selbst etablierten sich einige solche Geschäfte. Außerdem nahmen einige hiesige Großkonfektionäre in Kleidern und Mänteln die Herstellung von Pelzmänteln auf und zwar, wie mir ein hiesiger Kürschnermeister mitteilte, insofern mit der Unterstützung seitens großer Rauchwarenhändler, als letztere den Konfektionären zu Beginn der Saison Pelze in den verschiedensten Sorten und beliebiger Menge überließen und nach Schluß der Saison das Nichtverkaufte zurücknahmen. Der Kürschner dagegen kauft seinen Bedarf bei Beginn der Saison für feste Rechnung und muß das Risiko, daß infolge eines plötzlichen Modewechsels oder infolge eines milden Winters ein großer Teil seines Lages unverkäuflich bleibt, selbst tragen.

Der Konfektionär kauft den Rohstoff in großen Posten, welche der Kürschner wegen zu geringen Kapitals weder kaufen, noch wegen mangelnden Absatzes verwenden kann; und deshalb bedeutend billiger ein. Es kommen ihm hier zwei Momente zu statten, die größere Billigkeit des Materials und die Möglichkeit, aus seinem großen Quantum bedeutend schönere und gleichartigere Fellzusammenstellungen herstellen zu können, als der kleine Meister aus seinen minimalen Vorräten. Eine Thatsache von außerordentlicher Bedeutung in der Kürschnerei, durch ihre Rückwirkung auf den Käufer, welcher bei Gegenüberstellung verschiedener Artikel selbstverständlich den schöneren Pelz wählen wird.

Überhaupt ist der günstige, d. h. direkte Bezug des Rohstoffs von großem Einfluß auf das Gedeihen eines Handwerks. Hier kann der Handwerker verdienen. Ist ihm derselbe entrissen und ist er genötigt, denselben teuer vom Zwischenhändler einzukaufen, so bleibt ihm in den meisten Fällen nur der Arbeitslohn. Beim Einkauf ist das Kapital der ausschlaggebende Faktor. Vom Rauchwarenhändler kauft der Kürschner meist auf Kredit, wenig gegen Kassa, und zwar gegen Kassa mit 3% Rabatt, oder gegen 6 Monate, auch 8 bis 9 Monate Ziel. Die Regel ist Einzelkauf. Nur selten kommt es vor, daß sich mehrere Kürschner zusammenthun, um gemeinsam einzukaufen. Rohstoff-Genossenschaften existieren nicht. Die Felle werden meist zugerichtet und sortiert gekauft; doch kaufen auch verschiedene Kürschner roh. Letzteres empfiehlt sich für den tüchtigen etwas kapitalkräftigen Meister, da die Qualität und eventuelle Schäden des Felles viel leichter erkennbar sind. Auch hier ist meist der Mangel an Absatz ein unüberwindliches Hindernis, da der Rauchwarenhändler nur größere Partien in rohem Zustande abgiebt.

Überhaupt ist der Einkauf im Kürschnergewerbe von grundlegender Bedeutung. Hier zeigt sich die Fachkenntnis im glänzendsten Lichte, denn auch beim Roheinkauf muß man gewärtig sein, daß die Felle das Zurichten und Färben nicht vertragen können und dadurch Schaden erleiden, so daß ein mehr oder minder großer Verlust die unausbleibliche Folge eines schlechten Roheinkaufs ist.

c. Die heutigen Betriebe.

Um die Lage der heutigen Kürschnerei kurz zu kennzeichnen, dürfte ein kurzer Rückblick über die durch die Konfektion, hauptsächlich die Berliner Konfektion, im Kürschnergewerbe hervorgerufenen Umwälzungen am Platze sein.

Ungefähr im Anfang der 70er Jahre begann man in größerem Umfange als bisher die Mäntel und Mantelettes der Damen mit Pelzwerk zu besetzen. Zuerst begann die Posamentenmacherei infolge der größeren Schwerfälligkeit der Kürschner diese Arbeit zu übernehmen. Doch begann auch Berlin schon damals für diese Industrie, welche hauptsächlich im Erzgebirge und in Apolda betrieben wurde, mehr und mehr Bedeutung zu gewinnen und nach kurzer Zeit diese Besätze selbst in größerem Umfange zu fabrizieren. Es war dies die Zeit des ersten großen Aufschwungs der Berliner Mäntelfabrikation. Bald wurden breitere Pelzbesätze und Kragen, welch' letztere gleich am Mantel befestigt sind, von diesen Konfektionären hergestellt. Immer mehr begannen die größeren Firmen eigene Werkstätten unter Führung eines sachverständigen Kürschners einzurichten. Schließlich bemächtigte sich die Konfektion auch der Herstellung von Müffen, Baretts u. s. w. Dies rief eine allgemeine Entrüstung im Kürschnergewerbe hervor, welche soweit ging, daß der Verein deutscher Kürschner den Redakteur der Kürschner- und Hutmacher-Zeitung, Herrn Dr. Hasse, welcher wohlmeinende Verständigungsvorschläge zwischen beiden Parteien erteilt hatte, aus dem Verein entfernte.

Allmählich jedoch glich sich das Mißverhältnis zwischen Konfektion und Kürschnerei etwas dadurch aus, daß das Publikum, welches solide Waren zu kaufen gewöhnt war, zum Kürschner zurückkehrte. Dies hatte zur Folge, daß sich die Konfektion Hand in Hand mit einem Teile der Großkürschner mehr auf Errichtung von Kommissionslagern und Manufakturgeschäften in Provinzialstädten legte, während sich die Kürschner in großen Städten, welche feinere Sachen bis dahin nur auf feste Bestellung zu machen pflegten, genötigt sahen, um der Konkurrenz der Konfektionäre die Spitze bieten zu können, solche auf Lager zu halten, um eine größere Auswahl zu ermöglichen, und außerdem Tuchstoffe zu führen. So läßt mancher Kürschner heutzutage seinen Sohn nicht nur die Kürschnerei, sondern auch die Schneiderei erlernen.

Die Konfektionäre andererseits, welche bis dahin nur billigere Artikel angefertigt hatten, sahen sich, da sich die Mode geändert und sich der Geschmack wieder besserer, edlerer Ware zugewandt hatte, genötigt, auch die Fabrikation besserer Artikel zu übernehmen.

Die hiesige Konkurrenz durch Konfektionäre, durch Mey u. Edlich, Polich u. Steckner, thut den Kürschnern keinen großen Abbruch, gibt vielmehr den Anfängern hie und da zu verdienen. Die Hauptvorteile der Konfektionäre den Kürschnern gegenüber bestehen darin, daß Pelzwaren für sie nur Nebenartikel sind, sie also nicht ausschließlich auf den Verkauf dieser Waren angewiesen sind, sowie, daß sie hauptsächlich billigere Artikel, namentlich Damenpelzwaren, führen.

Die Konfektionäre haben Kürschner angestellt und lassen dieselben teils im, teils außer Hause arbeiten. Handelsartikel werden fertig von größeren Pelzwarenfabrikanten gekauft, dagegen werden die auf Bestellung nach Maß anzufertigenden Mäntel, hauptsächlich Damenmäntel, von den im Hause beschäftigten Kürschnern hergestellt. Auf Vorrat wird nicht gearbeitet. Ist die Saison vorüber, so werden die Leute wieder entlassen.

Ferner ist der Verdienst des Kürschners gegen früher dadurch bedeutend geschmälert, daß die Rauchwarenhändler Halbfabrikate, wie Futter, Pelerinen u. s. w. durch Kürschnergesellen herstellen lassen.

Diese Arbeit lag früher ausschließlich in den Händen der selbständigen Kürschner, doch ist es den Rauchwarenhändlern gelungen, diesen Teil des Produktionsstadiums an sich zu reißen, weil sie größere Massen zu gleicher Zeit verarbeiten lassen und dadurch ein gleichmäßigeres und besseres Sortiment herstellen können. Ein Umstand von um so schädlicherer Wirkung, als sie diese Halbfabrikate an Konfektionäre abgeben, welche dieselben fertigstellen und an das Publikum verkaufen, ohne den Kürschner in Anspruch nehmen zu müssen, so daß letzterer bei diesem Geschäft vollständig übergangen wird.

Die Kürschner beschäftigen durchschnittlich 2—4 Gesellen. Die kleineren im Sommer keinen, im Winter einen. Es richtet sich dies je nach dem Bedürfnis, da sie, wenn ihnen ein größerer Auftrag zu teil wird, einen oder zwei Gesellen mehr engagieren müssen. Alle arbeiten auf Vorrat, da zu Beginn der Saison das Lager fertig sein muß. Auch beschäftigen die meisten einen Herrenschneider für Umarbeitungen von Herrenpelzbezügen und zwar außer Haus, und eine Damenschneiderin für solche von Damenpelzbezügen ebenfalls außer Haus. Beide erhalten Stücklohn, so daß der Kürschner einen Teil der sonst aufzuwendenden Kosten an Kohlen und Licht spart. Andere haben einen Schneider für beides, Herren-, Damen- und auch Kindergarderobe im Hause.

Einen nicht unwesentlichen Teil des Kürschnergewerbes, der von großem pekuniärem Nutzen ist, wenn er einen größeren Umfang annimmt, bildet die Aufbewahrung von Pelzen und Stoffsachen. Sie ist bei allen Kürschnern in mehr oder weniger großem Umfange vorhanden.

Die Aufbewahrung bewirkt zunächst, daß die Kundschaft eine stabilere wird und fernerhin, daß sich das Vertrauen, welches dem Kürschner durch Übergabe stellenweise sehr kostbarer Effekten bezeugt wird, auch auf das Kaufgeschäft überträgt, welch' letzteres unbegrenztes Vertrauen erfordert. Zu diesen Vorteilen tritt noch hinzu, daß der Kürschner in der angenehmen Lage ist, bei Beginn der Wintersaison seiner Kundschaft die anvertrauten Objekte in sofort benutzbarem Zustande zu übergeben. Die in großem Umfange betriebene Aufbewahrung beansprucht jedoch mindestens 2—3 Familienlogis, so daß der kleine Kürschner dieselbe nur in beschränktem Umfange betreiben kann. In kleinerem Umfange betrieben erfordert sie, außer den entsprechend kleineren Kosten für die Lagerräume, keine besonderen Ausgaben. Die Sachen werden tüchtig mit dem Haselstock ausgeklopft und die Aufbewahrungsräume gründlich mit Tannenreisig oder sonstigem Nadelholz ausgeräuchert. Unbedingt notwendig ist absolute Trockenheit der Räume. Man erreicht diese durch Anzünden kleiner Quantitäten von Gas- oder Schießpulver.

Im Übrigen existieren unter den Leipziger Betrieben, die eben erwähnten, allen gemeinsamen Umstände ausgeschlossen, verschiedene stark differierende Kategorien, welche schon in der Übersicht über die heutigen Betriebe gekennzeichnet sind. Sie wurden eingeteilt in Großkürschner, mittlere Großkürschner, Detailkürschner und Reparaturbetriebe.

Betrachten wir zunächst den Großkürschner par excellence. Er besitzt großartige, am Brühl gelegene Ladenräume mit prachtvoll dekorierten Schaufenstern und mächtige Lager.

Seinen Rohstoff bezieht er teils direkt von großen Firmen Amerikas und Rußlands, teils von den Londoner Auktionen, wo er ebenfalls selbst einkauft. Erstere Waren bezahlt er je nach Vereinbarung, letztere kauft er gegen Kasse. Er bezieht seinen Rohstoff nur roh, nie zugerichtet.

Kürschner-Lehrlinge beschäftigt er im Pelzwaren-Geschäft nicht, dagegen kaufmännische Lehrlinge im Fellhandel. Lehrgeld wird nicht bezahlt.

Die Zahl der beschäftigten Personen beträgt 60—80 Arbeiter und Arbeiterinnen, je nach dem Gang des Geschäfts. Die Arbeiter erhalten Wochenlohn, die Arbeiterinnen Stücklohn, bei 24stündiger Kündigung, welche jedoch nur Donnerstags erfolgen kann.

Die Miete für Werkstätten, Laden und Wohnung beträgt 28000 Mk.

Von Maschinen sind mehrere Pelz- und Stoffnähmaschinen, 1 Fahrstuhl und 1 Aufzug für Waren vorhanden.

Er läßt auf Bestellung und auf Vorrat arbeiten.

Die Beschäftigung ist dauernd; der Einfluß der toten Zeiten gering.

Der Absatz erfolgt en detail an lokale Kundschaft, en gros und en detail an die nähere Umgebung, nur en gros an ganz Europa, Nordamerika und Kanada. En gros wird gegen Kasse oder 6 Monate Ziel, en detail nur gegen Kasse verkauft.

Während dieser Großkürschner hauptsächlich kostbarere Artikel, wie Paletots und Mäntel anfertigt, beschäftigt sich der andere in Leipzig ansässige Großkürschner und Rauchwarenhändler hauptsächlich mit der Herstellung weniger teuerer Waren, wie Muffe, Baretts, Kragen u. s. w.

Einer der mittleren Großkürschner kauft die zu seinem Geschäft nötigen Felle entweder von hiesigen Rauchwarenhändlern oder von größeren amerikanischen Häusern. Von letzteren ebenfalls direkt hier am Platze. Er kauft meist roh und nur zum kleinsten Teile zugerichtet, und zwar gegen Kasse mit 3 % oder netto 6 Monate Ziel. Er läßt die Felle vom Zurichter zurichten und fertigt alle zur Kürschnerbranche gehörigen Artikel u. s. w. an. Er handelt mit zugerichteten Fellen sowohl wie mit den oben genannten Halbfabrikaten und mit fertigen Waren, Muffen, Pelzen, Mützen, Baretts u. s. w. Er führt diese Sachen also zum Ladenverkauf und zum Wiederverkauf in größeren oder geringeren Posten an kleinere Kürschner in kleineren Städten. In den letzten Artikeln in den fertigen Waren klagt er über die Konkurrenz, welche ihm von den Konfektionären gemacht wird. Er fertigt nur streng reelle Waren an, während einige Berliner und andere Großkonfektionäre den hiesigen Markt mit unreellen imitierten Sachen, naturell und gefärbt, überschwemmen. Die Unreellität liegt im Fell und in der Anfertigung, wie z. B. die Herstellung von vielen Millionen gefärbter Hasenmüffe beweist. Oft wurden ihm Damenmäntel zur Reparatur übergeben, deren Ausbesserung effektiv unmöglich war. Ein Hauptartikel seines Geschäfts sind Reisepelze. Doch gehören zu schweren Sachen strenge Winter und es macht sich, je mehr das Land von Eisenbahnen durchkreuzt wird, eine Abnahme des Bedarfs bemerkbar. Überhaupt ist das Geschäft seit ungefähr 10 Jahren ein ganz anderes geworden. Während früher ein warmer haltbarer Pelz, eine dauerhafte Garnitur, als notwendiges Bedürfnis galt, wird heute der Bedarf durch die vorherrschende Mode bestimmt, weßhalb Bedarfsartikel im Rückgange, Modeartikel im Fortschritt begriffen sind. Die Folge war, daß viele Artikel der Kürschnerbranche von den Konfektionären erfaßt und leider wenig sachgemäß, oft unreell, angefertigt wurden.

Der Meister beschäftigt im Durchschnitt während des ganzen Jahres 2—3 Gehilfen, 2 Lehrlinge und 5 Näherinnen bei zehnstündiger Arbeitszeit. Die Lehrlinge besuchen die Fortbildungsschule und die Lehrlingsabteilung der hiesigen Handelsschule. Sie haben Wohnung und Kost im Hause des Meisters. Ist dies nicht der Fall, so erhalten sie entsprechende Entschädigung, welche für die Woche 3—5 Mk. beträgt.

Zu seinen Geschäfts- und Familienräumen sind 3000 Mk. Miete erforderlich.

Von Maschinen sind nur Nähmaschinen im Gebrauch. Er läßt stark auf Vorrat arbeiten, da bei eintretender Kälte Bestellungen für Privatkunden ausgeführt werden müssen und die auswärtige Kundschaft anderenfalls darunter zu leiden hätte. Tote Zeit giebt es in diesem Geschäft nicht.

Die Waren bleiben meist im Inland. Sie gehen nach Ost- und Westpreußen an kleinere Kürschner. Der Meister gewährt den Wiederverkäufern per Kassa 2 % oder 3 Monate netto. Doch wird vielfach ein Ziel von 6, sogar 9—12 Monaten beansprucht. Der Ladenverkauf geht meist per Kasse netto vor sich.

Ein anderer mittlerer Großkürschner bezieht seine Felle von Rauchwarenhändlern, teils gegen Barzahlung, teils, und zwar zum größeren Teile, auf Kredit. Er bezieht dieselben roh und zugerichtet. Ferner nimmt er schon zu Decken genähte Felle auf Lager.

Er beschäftigt 2 Lehrlinge, einen in der Kürschnerei und einen in der kaufmännischen Abteilung. Keiner von beiden zahlt Lehrgeld. Außerdem beschäftigt er in der Kürschnerei 4 und in der kaufmännischen

Abteilung 2 Gehilfen, die er teils durch den Innungsarbeitsnachweis, teils durch Inserate oder durch Empfehlung erhält.

Die Geschäftszeit beginnt für gewöhnlich morgens um 7 Uhr und endigt um 7 Uhr abends. In der Saison wird sie je nach Bedarf verlängert.

Die in der Kürschnerei beschäftigten Personen erhalten Wochenlohn, die im Verkaufsgeschäft thätigen Monatslohn.

Als Anlagekapital giebt er 100000 Mk. an. Die Miete für Laden, Werkstatt und Wohnung veranschlagt er auf 4—5000 Mk.

Er arbeitet auf Bestellung und auf Vorrat; beschäftigt infolgedessen die oben angegebene Zahl Arbeiter beständig, muß sie jedoch während der Saison verstärken.

Sein Absatzkreis ist lokal und international, Privatkunden und Wiederverkäufer. Er verkauft größtenteils auf Kredit gegen 6 Monate Ziel oder 3 % Kassen-Skonto.

Einer der größeren Detailkürschner bezieht seinen Rohstoff gegen Barzahlung von hiesigen Rauchwarenhändlern, teils roh, teils zugerichtet. Er beschäftigt Gesellen und Näherinnen, letztere im Hause und außer Hause. Die Gesellen erhalten durchschnittlich 22 Mk. (15—30 Mk.), die Näherinnen durchschnittlich 9 Mk. (6—12 Mk.) Wochenlohn.

Die Arbeitszeit beträgt 10 Stunden.

Als Anlagekapital für ein mittleres Geschäft hält er 10000 Mk. für genügend.

Er zahlt 4000 Mk. Miete für den Laden und 1000 Mk. für die Wohnung.

Arbeits- und Kraftmaschinen kommen bei ihm nicht zur Verwendung.

Er arbeitet zum größeren Teil auf Vorrat, zum geringeren auf Bestellung.

Er beschäftigt den größeren Teil seiner Leute dauernd, sieht sich aber genötigt, im Sommer einige zu entlassen. Er hat also, wenn auch in geringerem Maße, im Sommer tote Zeit. Sein Absatzgebiet ist größtenteils lokal, teilweise auch die Umgebung. Seine Kundschaft besteht nur aus Privatkunden. Vorherrschend ist Barzahlung.

Die Detailkürschner haben neben ihrer Kürschnerei vielfach Hüte, Schirme, Stöcke etc. zum Ladenverkauf. Doch ist dies nur Nebengeschäft, während die Kürschnerei stets das Hauptgeschäft repräsentiert, ausgenommen bei einem Meister, welcher hauptsächlich Mützen, namentlich Studentenmützen, fabriziert. Besonders ist das Hutgeschäft als Nebengeschäft zu betrachten, weil die Hüte bei großen Lagern im Laden verderben, während die Kürschnerei den Vorteil hat, daß unmodern gewordene fertige auf Lager befindliche Waren nicht wertlos werden, weil das Material anderweitig verwandt werden kann, so daß nur die Arbeit (Façon), nicht aber der Pelz verloren geht. Außer dem Studentenmützen verfertigenden Meister giebt es noch 6—7 andere Meister, welche Schüler-, Studenten-, Beamten- und Militärmützen in geringerem Umfange herstellen. Denn der Hut hat, jene Mützen ausgenommen, diese Art Kopfbedeckung völlig verdrängt und dadurch das starke Zurückgehen des Mützengeschäfts herbeigeführt.

Ein Geschäft macht nur Baretts und beschäftigt 1—2 Gesellen, lediglich zur Herstellung dieses Spezialartikels.

Andere arbeiten lediglich für Rauchwarenhändler, und zwar fertigen sie Halbfabrikate, wie Futter und Kragen etc., für dieselben an.

Einige Kürschner stellen neben ihrer sonstigen Kürschnerei Boas in größerem Maßstabe als Spezialartikel her.

Ausschließlich von Reparaturen leben in Leipzig nur wenige ältere zurückgekommene Kürschner. Sie erlassen hie und da Annoncen und suchen auf diese Weise ihre Kundschaft. Finden sie auf solche Weise nichts, so arbeiten sie für Kürschner, Rauchwarenhändler und Konfektionäre. Sie sind die einzigen selbständigen Kürschnermeister Leipzigs, welche keinen Laden besitzen. Ein Leipziger Meister meinte, daß es außer diesen wenigen (etwa 3—4) von Reparaturen lebenden Kürschnern wohl keinen zahlungsunfähigen Meister in Leipzig gäbe.

Naturgemäß ist ein langer Winter für alle Kürschner von großem Vorteil. Er zieht für den nächsten Sommer ein bedeutendes Geschäft in Reparaturen nach sich und verbürgt den Verbrauch eines großen Teiles des geringeren Materials, welches, von der vorigen Saison übriggeblieben, anderenfalls schwer zum Verkauf gebracht werden könnte.

Er gleicht die Nachteile eines vorhergegangenen schlechten, d. h. warmen und kurzen Winters, sowie der toten Zeiten im Sommer wieder etwas aus.

Nicht allen Kürschnern jedoch sind die Nachteile gemeinsam, welche ihnen aus dem Charakter des Gewerbes als Saisongewerbe erwachsen. Der kapitalkräftige Meister mit entsprechendem Absatz hat in der sogenannten toten Zeit so viel auf Vorrat zu arbeiten, daß dieselbe für ihn überhaupt nicht existiert und er froh ist, die nötige Zeit zur Verrichtung dieser Arbeiten zur Verfügung zu haben, um in der Saison den an ihn herantretenden gesteigerten Ansprüchen genügen zu können. Der kleine kapitallose Meister dagegen, dessen geringer Absatz und Kapitalmangel ein Arbeiten auf Vorrat nicht gestattet, sieht sich der bittersten Notlage ausgesetzt und genötigt, um für sich und die Seinigen den nötigen Lebensunterhalt zu erwerben, die Fabriken aufzusuchen und seine Selbständigkeit aufzugeben. Doch ist die Zahl der Reparaturbetriebe, also der gänzlich mittellosen Kürschnermeister, wie wir gesehen haben, eine so geringe, daß dieses Übergangsstadium als bereits vollzogen anzusehen ist und die Entwickelungsverhältnisse als vorläufig konsolidiert zu betrachten sind.

Der Kürschner vereinigt die Thätigkeit des kleinen Händlers und des Handwerkers in der Detailkürschnerei; des Händlers, des Manufakturisten und Handwerkers in der mittleren Großkürschnerei und des Großhändlers, Manufakturisten und Handwerkers in der Großkürschnerei in seiner Person.

VII. Maschinenverwendung.

Von großem Einfluß auf den Gang der Entwickelung der technischen Seite des Gewerbes war die Verbesserung der Arbeitsgeräte und die Einführung der Maschinen. Letztere spielen allerdings in der heutigen reinen Kürschnerei nur eine untergeordnete Rolle. Sie sind vertreten durch die Pelznähmaschine und die Fellausklopfmaschine. Die Pelznähmaschine ist konstruiert nach dem System der Handschuhnähmaschine. Sie wird wie eine gewöhnliche Nähmaschine mit den Füßen in Bewegung gesetzt und liefert so viel, wie sechs Näherinnen. Dagegen erfordert sie eine geübte Arbeiterin zur Bedienung und ist im wesentlichen, da sie zu viel Leder faßt, nur zur Fertigung gröberer Arbeit, besonders zur Herstellung von Pelzfuttern, zu verwenden. Aus diesen Gründen ist es leicht erklärlich, daß sie in den Kürschnereien selten zur Verwendung kommt. Hauptsächlich ist sie für die das ganze Jahr intensiv arbeitenden Betriebe von Nutzen. Die Maschine bleibt hier regelmäßig in Thätigkeit und ermöglicht es auf diese Weise eine ordentliche Arbeiterin zur richtigen Bedienung derselben anzulernen. Noch seltener vertreten ist die Fellausklopfmaschine.

Von größerer Bedeutung war die Einführung der Dampfkraft für die Zurichtereien und Färbereien. Sie erlaubte im Gegensatz zur Wasserkraft die Verlegung einer industriellen Anlage dahin, wo es Verkehrswege und sonstige äußere Umstände wünschenswert erscheinen ließen und bewirkte außerdem eine größere Intensität der Arbeit.

Früher benutzten die Kürschner zum Zubereiten der Felle die Trampeltonnen, die Läutertonnen und die Walke.

Die Trampeltonne war ein hohes nach oben etwas erweitertes hölzernes Faß von etwa 1 m. 50 cm. Höhe und einem Durchmesser von oben 75 und unten 50 cm. Oben war sie offen und nach unten befand sich ca. 1/4 m. vom Erdboden entfernt ein kupferner Kessel. Unter dem Kessel war Holzkohlenfeuer. Der Kessel selbst war rund und glatt, so daß von einem in dem Faß stehenden Mann die Felle mit bloßen Füßen so getreten werden konnten, daß immer frische Felle von unten nach oben kamen.

Ferner ist die Walke für die Zurichterei von großer Bedeutung. Sie dient nur dazu, das Leder weich zu machen, und hat mit dem Haar nichts zu thun. Sie ist aus Holz, nimmt einen größeren Flächenraum ein und ist mit verschiedenen größeren Löchern von ca. 60 bis 75 cm. Tiefe und 40 bis 50 cm. Breite versehen. Genau wie die Trampeltonne ist sie oben rechteckig und unten kesselförmig. Für jedes Loch sind zwei große Holzhämmer vorhanden, welche durch Dampfkraft wechselseitig in Bewegung gesetzt werden, so daß die auf diese Weise von ihnen bearbeiteten Felle die nötige Geschmeidigkeit erhalten. Die Walken waren, bevor sie in Zurichtereien verwandt wurden, schon lange in Papier-, Wollwaren- und Strumpfwarenfabriken vorhanden. Sie wurden zuweilen, besonders für einige bestimmte Fellarten, von Kürschnern gegen Entgeld benutzt. So war in Schkeuditz ein Müller, welcher eine durch Wasserkraft getriebene Walke besaß, welche viel von Kürschnern benutzt wurde. Ebenso noch heute in Weißenfels. Die Walke war demnach vor Einführung der Dampfkraft auf Wasserkraft angewiesen, erforderte es also, den auf sie angewiesenen Betrieb an fließendes Wasser zu verlegen.

Die alte Läutertonne war eine größere Tonne von Holz. Sie wurde mit warmem Sand und Sägespähnen gefüllt und durch eine auf ihr stehende Person vermittels Tretens in drehende Bewegung gesetzt.

Die nächste Verbesserung der Trampeltonne bestand darin, daß sie in bedeutend größerem Maßstabe und mit Eisen beschlagen hergestellt wurde. In die Tonne hinein kamen massive, schwere eiserne Kugeln von etwa 15—20 cm. Durchmesser. Das Trampeln hörte auf und sie wurde zunächst mit der Hand gedreht, bis später d. h. vor 30 bis 40 Jahren die Dampfkraft mehr und mehr in Anwendung kam.

Die Läutertonne, welche dazu dient, das Haar zu reinigen, entwickelte sich ebenfalls in dieser Zeit. Man machte keine Holztonnen mehr, sondern stellte solche mit Eisenbeschlag, von anderen Formen und bedeutend größerem Umfange her. Diese wurden mit Eisenblech umkleidet und durch ein unter der Tonne befindliches Holzkohlenfeuer erwärmt. Letzteres hat den Zweck, das Fett zu erweichen, damit es von Sand und Sägespähnen aufgenommen werden kann. Auch diese Tonne wurde nun nicht mehr getreten, sondern gedreht, da ein Stillstand über dem Feuer nicht eintreten darf, und zwar zunächst ebenfalls mit der Hand, bis auch hier allmählich alle großen Zurichtereien mehr und mehr zum Dampfbetrieb übergingen.

Nach der Fabrikarbeiterzählung vom 1. Mai 1894 benutzte von 28 Betrieben nur 1 Wasserkraft, 27 dagegen benutzten Dampfkraft. Nach der Fabrikarbeiterzählung vom 1. Mai 1895 benutzten von 32 Betrieben 25 Dampfkraft, 1 Wasserkraft, 1 Gas- oder andere elementare Motoren und 5 waren Handbetriebe bezw. ohne besondere elementare Betriebskraft.

Die Preise der Tonnen differieren etwas, je nach dem zu ihrer Herstellung verwendeten Material und ihrer Konstruktion, doch stellen sie sich im allgemeinen für eine Läutertonne auf ca. 300 Mk.; für eine Schütteltonne auf ca. 350 Mk.; für eine Walke auf 10- bis 12000 Mk. Eine Fleischbank mit Messer kostet ca. 10 bis 12 Mk.

VIII. Kapitalerfordernis.

Eine genaue Angabe des Kapitalerfordernisses stößt im Kürschnergewerbe auf fast unüberwindliche Schwierigkeiten. Es sprechen eine Menge Faktoren mit, welche reine Zahlenangaben völlig illusorisch machen. Es sind dies Persönlichkeit, d. h. sowohl sittliche wie technische Leistungsfähigkeit und Kredit, welch' letzterer wieder von den beiden ersten Faktoren abhängig ist. Ist derjenige, welcher die Gründung eines Kürschnergeschäftes beabsichtigt, ein tüchtiger, fleißiger und in Leipzig schon als solcher bekannter Mann, so wird ihm die Instandsetzung eines Geschäftes durch den ihm offenstehenden Kredit sehr erleichtert. Ist dies nicht der Fall, so wird ihm auch ein kleines Kapital nicht viel nützen und für ihn, um vorwärts zu kommen, ein größeres unbedingt erforderlich sein. Ferner sprechen kaufmännische Schulung und Begabung höchst wesentlich mit. War es früher möglich, sich emporzuarbeiten, wie alle heute bestehenden, aus kleineren Anfängen, sozusagen aus Nichts hervorgegangenen großen und mittleren Geschäfte deutlich zeigen, so ist dies heute, infolge der in der historischen Arbeitsteilung schon erwähnten Umstände, bedeutend schwieriger geworden.

Das Kapitalerfordernis ist naturgemäß für die einzelnen Betriebe sehr verschieden. So hält Dr. Schiller in seiner in den Schriften des Vereins für Sozialpolitik erschienenen Arbeit über die Breslauer Kürschnerei St. 85 als Minimum für ein kleines Kürschnergeschäft ungefähr 1000 Mk. Anlagekapital für nötig und zwar 100 Mk. für Ladeneinrichtung, 100 Mk. für Werkzeuge und Formen, 100 Mk. für eine Mützennähmaschine und 700 Mk. für Felle, besonders Katzen-, Kanin-, Hasen-, Nutriabiber-, Opossum-, Waschbär-, Lamm- und Schaffelle.

Für die Errichtung eines Durchschnittsmagazins dagegen hält er mindestens 30000 Mk. für nötig, und zwar: 5000 Mk. für Ladeneinrichtung, 1000 Mk. für Werkzeuge, 4000 Mk. für Tuche und 20000 Mk. für Rauchwaren.

Was die Leipziger Verhältnisse anbelangt, so dürften die Anlagekosten für ein kleines Kürschnergeschäft wohl dieselben sein, wie in Breslau, während sie sich bei der stärkeren Differenzierung der Leipziger

Betriebe in den einzelnen Geschäften (Detailkürschnern, mittleren Großkürschnern, Großkürschnern) verschiedener gestalten dürften. Doch sprechen auch bei dem kleinen selbständigen Kürschner alle im Eingang dieses Abschnittes erwähnten Faktoren mit, so daß auch diese Angabe nicht als völlig maßgebend betrachtet werden kann.

Vor allen Dingen muß der Meister, welcher die Gründung eines eigenen Geschäftes beabsichtigt, die Miete im Voraus bezahlen und eine Zeit lang ohne nennenswerten Verdienst arbeiten können, also wenigstens im Besitze eines kleinen Kapitals sein. Ist dies der Fall, so wird es ihm, falls er ein tüchtiger Mann ist, nicht schwer fallen, Waren auf Kredit zu erhalten. Die Erwerbung einer guten Kundschaft hängt von ihm und sonstigen hier nicht sämtlich wiederzugebenden Umständen ab. In erster Linie spielt die Lage seines Geschäftes, bei der bekannten Konzentration des Leipziger Kürschnergewerbes in gewissen Stadtteilen, eine maßgebende Rolle. Ferner bringt die erwähnte Konzentration naturgemäß eine bedeutende Steigerung der Mietpreise in den genannten Stadtteilen mit sich. So wurde mir der Mietzins für ein Gewölbe in passender Lage von verschiedenen Leipziger Meistern auf 750—900 Mk. jährlich angegeben. Das nötige Warenmaterial auf ein paar tausend Mark. Wieviel tausend Mark, war nicht zu ermitteln. Es scheint also für den Leipziger Kleinkürschner in bescheidensten Verhältnissen ein Anlagekapital von 1000 oder besser von 1—2000 Mk. als Minimum unbedingt erforderlich zu sein.

Für ein mittleres Detailkürschnergeschäft wurde mir ein Anlagekapital von 10000 Mk., für ein mittleres Großkürschnergeschäft ein solches von 100000 Mk. und für ein Großkürschnergeschäft nebst Rauchwarenhandel von 280000 Mk. und mehr angegeben. Die Angaben schwanken also in diesen Geschäftskategorien von 10000 Mk. bis 280000 Mk.

Die Miete für Geschäftsräume und Wohnung betrug bei dem ersten 4000 Mk., bei dem zweiten 4—5000 Mk. und bei dem letzten 28000 Mk.

Waren diese höchst unzuverlässigen Angaben über die Höhe des Kapitalerfordernisses im Kürschnergewerbe nur sehr schwer zu erhalten, so stellten sich dieselben in der Zurichterei, Boafabrikation und in den Rauchwarenhandlungen als völlig unzulänglich und unbrauchbar heraus. In der Boafabrikation wurde jede Auskunft von vornherein verweigert, in der Zurichterei und in den Rauchwarenhandlungen wurde sie nur in höchst geringem Maße erteilt, da jeder der beteiligten Herren befürchtete, seinen Konkurrenten gefährliche Waffen ihm gegenüber in die Hand zu geben.

IX. Arbeitskräfte.

Außer Hilfsarbeitern werden in der Zurichterei und Färberei vorwiegend Kürschner, Färber und Näherinnen beschäftigt, in der Kürschnerei Kürschner und Näherinnen, zu welchen in vielen Fällen ein Herrenschneider oder eine Damenschneiderin hinzutritt.

Das Nähen wird nicht nur in den Fabriken resp. Kürschnereien, Rauchwarenhandlungen etc. besorgt, sondern vielfach im Hause des Arbeitnehmers. Siehe hierüber: „Schriften des Vereins für Sozialpolitik“ XLVIII, die deutsche Hausindustrie fünfter Band, die Hausindustrie in der Stadt Leipzig und ihrer Umgebung von Dr. Adolf Lehr.

Die Zahl der Arbeiter und Arbeiterinnen schwankt nach den Ergebnissen der Fabrikarbeiterzählung vom 1. Mai 1894 in den einzelnen Betrieben der Zurichterei und Färberei zwischen 2 und 377. 1 Betrieb beschäftigte 2 Arbeiter, 2 Betriebe je 6—10, 2 Betriebe je 11—20, 13 Betriebe je 21—50, 6 Betriebe je 51—100, 3 Betriebe 101—200 und 1 Betrieb 377 Arbeiter und Arbeiterinnen. Alle 28 Betriebe beschäftigten 1644 Personen, 1346 männliche und 298 weibliche. Über 21 Jahre alt waren 1134 männliche und 215 weibliche, über 16—21 Jahre 154 männliche und 71 weibliche, über 14—16 Jahre 58 männliche und 12 weibliche Personen.

Die Zahl der Personen zwischen 14 und 16 Jahren ist also verhältnismäßig gering.

In der Kürschnerei werden durchschnittlich 2—4 Gesellen beschäftigt. (Der kleine Meister beschäftigt im Sommer keinen, im Winter einen Gesellen.) Die Großkürschner und einige mittlere Großkürschner beschäftigen außerdem kaufmännisches Personal und viele mit Einschluß der großen Detailkürschner 1 oder 2 Ladnerinnen zum Ladenverkauf. Außerdem beschäftigen alle mehr oder weniger Näherinnen, welche ihrer manuellen Geschicklichkeit halber besonders zum Nähen und Einfüttern der Felle verwandt werden.

In der Mützenmacherei beschäftigte nach derselben Fabrikarbeiterzählung 1 Betrieb 5 und 1 Betrieb 6 Personen. Insgesamt 2 Betriebe mit 11 Personen, davon 5 Arbeiter und 6 Arbeiterinnen. Über 21 Jahre alt waren 4 männliche und 4 weibliche Personen, über 16—21 Jahre 1 männliche Person und 2 weibliche.

Auch fast alle Rauchwarenhandlungen beschäftigen Kürschnergesellen zum Strecken, Anbrachen, Sortieren der Felle u. s. w. Einige haben 6 und mehr derartige Gehilfen in ihren Diensten.

Die Zurichter und Färber in den Zurichtereien und Färbereien arbeiten meist im Stücklohn. Sie verdienen im Durchschnitt in der Saison 25—30 Mk. wöchentlich, Wildwarenzurichter sogar zuweilen 60 Mk., haben aber sehr unter der toten Zeit zu leiden, so daß der Verdienst manchmal 2 Mark nicht übersteigt. Überhaupt gehen in den Zurichtereien am Anfang und Ende des Jahres die Wochenlöhne bedeutend herunter, weil die Fabriken in dieser Zeit weniger zu thun haben. Ebenso ist es in den auf fremde Rechnung arbeitenden Färbereien, besser dagegen in den Zurichtereien und Färbereien, welche auf eigene Rechnung arbeiten. Sie haben hier das ganze Jahr hindurch dauernde Beschäftigung und einen Wochenlohn von 30—40 Mk.

Die in der Kürschnerei beschäftigten Kürschnergehilfen erhalten Wochenlohn. Derselbe schwankt zwischen 15 und 30 Mk, beträgt also durchschnittlich 22½ Mk. Diejenigen Näherinnen, welche nur glatte Nähte machen, werden geringer bezahlt als die sogenannten Ausarbeiterinnen oder Fertigmacherinnen.

Der außer Haus arbeitende Schneider erhält Stücklohn.

Die Arbeitszeit dauert in den Zurichtereien und Färbereien von 6 Uhr morgens bis 6 Uhr abends mit ½ Stunde Frühstücks-, 1 Stunde Mittags- und ½ Stunde Vesperpause. In den Kürschnereien dauert sie von 7 Uhr morgens bis 7 Uhr abends mit denselben Frühstücks-, Mittags- und Vesperpausen. Doch wird sie in letzteren um die Weihnachtszeit bedeutend, häufig bis in die Nacht hinein, verlängert.

Von Interesse dürfte folgende im Jahre 1890 veranstaltete und von Arbeitern ausgehende Statistik über Lohn und Arbeitsbedingungen sein. Sie ist im Verlag von G. Jacob, Leipzig, erschienen unter dem Titel: „Ergebnis der statistischen Erhebungen über Lohn und Arbeitsbedingungen nachbezeichneter organisierter Gewerke Leipzigs vom Jahre 1890.“

Selbstverständlich betrachten wir nur die Statistik der Kürschner.

Statistik der Kürschner von Leipzig und Umgegend.

Markranstädt. Von 180 ausgegebenen Fragebogen wurden 161 ausgefüllt zurückgegeben. Das Durchschnittsalter beträgt 32 Jahre. Ledig sind 42, verheiratet 118 mit (zusammen) 440 Kindern. In Akkord arbeiteten 146 mit einem jährlichen Durchschnittsverdienst von 1230 Mk. In Zeitlohn arbeiteten 14, jährlicher Durchschnittsverdienst 920 Mk., pro Stunde 30 Pfg. Sämtliche sind Fabrikarbeiter. Die tägliche Arbeitszeit beträgt 11 Stunden. Überstunden wurden von 13 Personen gemacht, welche nicht besser entschädigt wurden. Sonntagsarbeit wurde von 5 Personen gethan, welche gleichfalls nicht besser bezahlt wurden. Die Arbeitsräume sind bei 102 Beantwortern in gutem Zustande, bei den übrigen mangelhaft. In 12 Fällen trägt die Frau durch Fellenähen zum Unterhalt der Familie mit bei. Nebenbeschäftigung haben 3 und zwar hat einer eine Cigarrenhandlung, einer ein Hut- und Mützengeschäft und einer fungiert als Vertreter des Konsumvereins. Arbeitgeber hatten 152 einen, 7—2 und 1—3. Wegen Arbeitsmangel feierten 9 Mann 288 Tage, wegen Krankheit 21 Mann 840 Tage. Kündigungsfrist haben weder die Gehilfen noch die Unternehmer. Die Miete betrug im Durchschnitt für die Verheirateten 132 Mk.; für die Ledigen 104 Mk. Zwei lokalen, freien Hilfskassen gehören 49 Personen an, dreien nur einer, 96 haben nur eine lokale freie Hilfskasse, 9 sind Mitglieder einer lokalen freien Hilfskasse und der Ortskasse, 5 sind nur Mitglieder der Ortskasse.

Schkeuditz. Von 65 ausgegebenen Fragebogen sind 55 zurückgegeben. Darnach beträgt das Gesamtalter 1675 Jahre, das durchschnittliche $30\frac{1}{2}$ Jahr. Ledig sind 15, verheiratet 40 mit 144 Kindern. In Akkord arbeiten 50 Kollegen mit einem jährlichen Durchschnittsverdienst von 750 Mk. Vier arbeiten im Akkord und Zeitlohn mit einem Durchschnittsverdienst von 900 Mk.; einer arbeitet im Zeitlohn mit nur 700 Mk. jährlichem Einkommen, pro Stunde 30 Pfg. Sämtliche sind Fabrikarbeiter. Die täglich festgesetzte Arbeitszeit beträgt 11 Stunden. Von zwei Personen wurden Überstunden gearbeitet, dieselben wurden nur mit 30 Pfg. bezahlt. Sonntagsarbeit ist nicht üblich. Die Arbeitsräume sind bei 47 Beantwortern in gutem Zustande, bei acht mangelhaft. In sechs Fällen trägt die Frau durch Fellenähen zum Unterhalt der Familie mit bei. Nebengeschäfte betreiben 4. Arbeitgeber hatten 16 je einen, 23 je zwei, 10 je drei, 3 hatten vier, 2 fünf und einer sogar sechs. Wegen Arbeitsmangel feierten insgesamt 61 Kollegen 4380 Tage, wegen Krankheit 15 Kollegen zusammen 285 Tage. 14tägige Kündigungsfrist haben nur 7 Kollegen, desgleichen deren Unternehmer, bei den übrigen besteht keine solche. Klagen kamen wegen gewerblichen Streitigkeiten nicht vor. Die durchschnittliche Miete der 40 Verheirateten betrug 91 Mk., diejenige der 15 Ledigen 92 Mk., demnach ist die Miete der Ledigen höher als die der Verheirateten. Der Ortskasse gehören 40 Kollegen an, die übrigen sind Mitglieder von lokalen und Central-Krankenkassen.

Rötha. Ausgegeben wurden 110 Fragebogen, zurückgegeben 56. Das Durchschnittsalter beträgt 28 Jahr. Ledig waren 18 Kollegen, 38 verheiratet, mit 153 Kindern. In Akkord arbeiten 54 Kollegen. Deren durchschnittliches Einkommen beträgt 936 Mk. jährlich. Zwei arbeiten im Zeitlohn mit einem jährlichen Verdienst von 800 Mk. Sämtliche sind Fabrikarbeiter. Die tägliche festgesetzte Arbeitszeit beträgt 11 Stunden. Die Arbeitsräume sind in 48 Fällen in gutem Zustande, bei 8 Kollegen ist derselbe mangelhaft. In zwei Fällen trägt die Frau durch Fellnähen zum Unterhalt der Familie bei. Nebengeschäfte betreiben 3 Kollegen. Arbeitgeber hatten 26 Kollegen einen, 19 zwei, 7 drei, 2 vier und einer fünf. Wegen Arbeitsmangel feierten 47 Kollegen zusammen 1692 Tage, wegen Krankheit 13 Kollegen 533 Tage, in Folge eines Streiks ein Kollege 30 Tage und einer 19 Tage. 14tägige Kündigungsfrist haben 52 Kollegen, desgleichen auch die Unternehmer, 4 Kollegen haben keine. Wegen kündigungsloser Entlassung wurde einmal geklagt und fiel dieselbe zu Gunsten des Klägers aus. Die Durchschnittsmiete der Verheirateten beträgt 122 Mk., die der Ledigen 86 Mk. jährlich. 28 sind Mitglieder der Ortskasse, 4 gehören freien Kassen an, 23 sind nur Mitglieder der Centralkrankenkasse Schneiderbund.

Lindenau. Ausgegeben wurden 125 Fragebogen, von denen 108 ausgefüllt zurückgegeben wurden. Das Gesamtalter beträgt 3612 Jahre, das durchschnittliche

33⁸/₇ Jahr. Ledig sind 12, verheiratet 96 mit 440 Kindern. Sämtliche sind Fabrikarbeiter. In Akkord arbeiteten 102 Kollegen, dieselben haben einen jährlichen Durchschnittslohn von 1085 Mk. In Zeitlohn arbeiten 6 mit 904 Mk. jährlichem Durchschnittslohn. Der Stundenlohn beträgt 30—45 Pfg. Die festgesetzte tägliche Arbeitszeit beträgt 11 Stunden. Überstunden wurden auch gemacht, aber wie gewöhnlich bezahlt. Die Arbeitsräume sind bei 84 in gutem Zustande. Bei 9 befindet sich derselbe im Souterrain, ist mit Mauersteinen gepflastert und auch die Schleusenöffnung darin. In vier Fällen wird der Arbeitsraum gleichzeitig als Trocken- und Beizraum benutzt. Bei 11 Personen befindet sich der Arbeitsraum im Parterre, ist mit Mauersteinen gepflastert und besitzt schlechte Ventilation. In sechs Fällen trägt die Frau durch gewerbliche Arbeit zum Unterhalt der Familie mit bei. Drei Kollegen haben Nebengeschäfte. In einem Falle arbeiten die Kinder in der Fabrik. Arbeitgeber hatten 74 einen, 14 zwei, 10 drei, 8 vier und 2 fünf. Wegen Arbeitsmangel feierten 51 Kollegen 2244 Tage, im Durchschnitt je 44 Tage, wegen Krankheit 21 Kollegen 378 Tage. In 89 Fällen besteht keine Kündigung, 14 Kollegen haben eine 14tägige gegenseitige Kündigung, 5 Kollegen haben eine achttägige. Klagen in gewerblichen Streitigkeiten kamen nicht vor. Die Durchschnittsmiete betrug bei 96 Kollegen 1888 Mk. jährlich, 12 Ledige zahlten 117 Mk., der Ortskasse und einer freien Hilfskasse gehören 52 Kollegen an, 38 sind nur Mitglieder der Ortskasse, die übrigen sind Mitglieder freier Hilfskassen.

Alt-Leipzig. Von den ausgegebenen Fragebogen gingen 20 beantwortet ein. Nach diesen hatten die 20 Fragebogenbeantworter ein Gesamtalter von 528 Jahren. Das Durchschnittsalter beträgt somit 26²/₅ Jahr. Verheiratet sind 7, ledig 13. Die Verheirateten haben 26 Kinder. Das gesamte Jahreseinkommen beträgt 17116 Mk., das durchschnittliche 855⁴/₅ Mk., der durchschnittliche Stundenlohn 23³/₁₀ Pfg. Von den 20 Beantwortern sind 17 Hausarbeiter, 3 Fabrikarbeiter. 16 hatten zehnstündige Arbeitszeit, einer 9¹/₂stündige, zwei elfstündige und einer sogar zwölfstündige. Überstundenarbeit kommt oft vor, dieselbe wird bei einem Teil mit 10 Prozent besser bezahlt, der andere Teil erhält nichts, desgleichen verhält es sich mit der Sonntagsarbeit. Die Arbeitsräume wurden mit gut bezeichnet. Nebenbeschäftigung hatte nur eine Person. Arbeitgeber hatten 5 je drei, 8 je zwei und 7 je einen. Wegen Arbeitsmangel mußten insgesamt 611 Tage gefeiert werden. Im Durchschnitt entfallen auf den Einzelnen 30¹¹/₂₀ Tage, an denen gefeiert werden mußte. Krank waren 2 zusammen 18 Tage. 14tägige Kündigungsfrist hatten 16 Personen, 3 keine und einer einen Tag, desgleichen auch die Unternehmer. Die gesamte Miete betrug 2761 Mk., im Durchschnitt 138¹/₂₀ Mk. Der Central-Kasse gehört einer an, 4 sind Mitglieder einer lokalen freien Hilfskasse, 17 sind Ortskassenmitglieder, 3 sind Mitglieder von zwei Kassen.

Lehrlinge werden in Kürschnereien und in geringerem Maße in Zurichtereien, in letzteren ausschließlich zu Zurichtern, ausgebildet. Die in den Kürschnereien beschäftigten rekrutieren sich aus den verschiedensten Kreisen und zwar läßt sich speziell für Leipzig feststellen, daß sie größtenteils aus den besser situierten Klassen hervorgehen. Viele sind aus dem Ausland. Sie zahlen hie und da Lehrgeld bei kürzerer Lehrzeit, doch sind dies Ausnahmen, gewöhnlich zahlen sie nichts. Eine Fachschule besitzt die Kürschnerinnung nicht, doch ist der Besuch der Fortbildungsschule obligatorisch. Ferner veranstaltet die deutsche Schneider-Akademie zu Leipzig Kurse für Kürschner, zur Ausbildung im Zuschneiden für die gesamte Pelzkonfektion.

Die Innung bestimmt in ihren Statuten über das Lehrlingswesen folgendes:

§ 21. Die Dauer der Lehrzeit und die Lehrbedingungen sind der freien Vereinbarung überlassen, nur darf die Lehrzeit nicht unter drei Jahren bestimmt werden. Ausnahmefälle unterliegen dem Beschlusse des Innungsvorstandes.

Lehrverträge zwischen Lehrherrn und Vater oder Vormund eines Lehrlings sind schriftlich nach einem von der Innungsversammlung dazu bestimmten Formulare festzustellen, worin besonders aufzunehmen ist, daß Meister und Lehrling sich den in diesem Statut für das Lehrlingswesen getroffenen Bedingungen zu unterwerfen haben.

Die Lehrmeister sind verpflichtet, die Lehrlinge in allen vorkommenden Arbeiten gewissenhaft zu unterrichten, sie zu Gehorsam und zur Zucht und Ordnung anzuhalten und ihr sittliches Betragen zu überwachen, sie bei der Innung anzumelden und einschreiben zu lassen, ihnen zum Besuche einer Fortbildungsschule oder Sonntagsschule die erforderliche Zeit zu gewähren und sie zum Besuche des Gottesdienstes anzuhalten, und spätestens acht Wochen vor Beendigung der Lehrzeit eines Lehrlings dem Obermeister davon Anzeige zu machen, damit das Nötige wegen des vom Lehrlinge zu fertigenden Gesellenstücks vorgekehrt werden kann.

§ 22. Das Einschreiben und Freisprechen der Lehrlinge erfolgt in der Regel vor versammelter Innung oder wenigstens vor dem Innungsvorstande unter geeigneter Ansprache durch den Obermeister.

Beim Einschreiben sind vom Lehrlinge eine Mark, beim Freisprechen nach bestandener Prüfung zwei Mark zu erheben.

Dem Losgesprochenen ist von der Innung ein Lehrbrief auszustellen, der die Unterschriften des Obermeisters, des Schriftführers und des Lehrmeisters zu enthalten hat.

§ 23. Von jedem Lehrlinge, der seine Lehrzeit beendet hat, ist eine seiner Fachbildung angemessene Prüfungsarbeit (Gesellenstück) zu fertigen, welche er sich selbst wählen kann, nur muß sie derart sein, daß er seine Geschicklichkeit daran beweisen kann.

Diese Arbeit ist unter Aufsicht eines Vorstandsmitgliedes zu fertigen. Wird die Ausbildung eines Lehrlings auf Grund der Prüfung für ungenügend erachtet, so kann der Vorstand den Lehrling auf ein Viertel- bis zu einem Halbjahr in die Lehre zurückverweisen.

Gewinnt der Vorstand die Überzeugung, daß die mangelhafte Ausbildung des Lehrlings durch den Lehrherrn verschuldet ist, so kann er dem Lehrling gestatten, für die noch erforderlich erachtete Zeit zu einem anderen Innungsmeister in die Lehre zu treten.

§ 24. Alle Lehrlinge, welche bei Innungsmitgliedern in Arbeit stehen, können jährlich in einer dazu bestimmten Zeit der Innung eine Probe ihrer erlangten Kenntnisse und Fertigkeiten ablegen, und ist eine Ausstellung von allen diesen Arbeiten zu veranstalten, um sie nach Maßgabe der Dauer der Lehrzeit prüfen zu können. Die Prüfung ist von dem Innungsvorstande und den gewählten Gesellen vorzunehmen. Für besonders gute Leistungen sind Belobigungen, für zu geringe Tadel auszusprechen. Hervorragende Leistungen können prämiiert werden.

§ 25. Mitglieder der Innung, welche sich nicht im Besitze der bürgerlichen Ehrenrechte befinden oder welche durch gerichtliche Anordnung in der Verfügung über ihr Vermögen beschränkt sind, dafern sie nicht in Gemäßheit des § 6 sub c (aa. bb.) aus der Innung ausgeschlossen worden sind, dürfen Lehrlinge nicht annehmen. Außerdem kann solchen Innungsmitgliedern, welche die Pflichten eines Lehrmeisters gröblich verletzt haben, auf Antrag des Vorstandes durch Beschluß der Innungsversammlung die Befugnis, Lehrlinge zu halten, bis auf weiteres entzogen werden.

Verliert der Lehrherr die Befugnis, Lehrlinge zu halten, oder wird er zur Erfüllung der ihm vertragsmäßig obliegenden Verpflichtungen unfähig, so hat der Vorstand dem Vater oder Vormund hiervon Kenntnis zu geben, mit der Aufforderung, die Auflösung des Lehrverhältnisses herbeizuführen.

Das Gleiche hat zu geschehen, wenn der Lehrherr stirbt und nicht innerhalb vier Wochen die Fortsetzung des Gewerbes durch die Witwe geregelt wird.

In diesen Fällen hat der Vorstand auf Wunsch des Vaters oder Vormundes zu ermitteln, daß der Lehrling für den Rest der Lehrzeit bei einem anderen Innungsmeister untergebracht wird.

§ 26. Streitigkeiten zwischen Innungsmeistern und ihren Gesellen und Lehrlingen werden, wenn die im § 120a des Gesetzes vom 17. Juli 1878 angegebenen Voraussetzungen vorhanden sind, durch das hiesige Gewerbeschiedsgericht entschieden.

Ferner erließ die Innung folgendes

Regulativ des zu handhabenden Lehrlingswesens.

Vorbemerk!

Die Innung bezweckt, zur Hebung des Kürschnergewerbes eine bessere und tüchtigere Ausbildung der Lehrlinge anzubahnen und hat dieselbe folgende allgemein geltende Bestimmungen festgesetzt:

§ 1.

Ein besonderer Lehrkontrakt ist von der Innung festgestellt worden und sind die Mitglieder verpflichtet, nur diesen bei Annahme von Lehrlingen zu handhaben. Die Kontrakte sind in gedruckten, gleichlautenden Formularen beim Vorsitzenden der Innung unentgeltlich in Empfang zu nehmen.

§ 2.

Jeder angenommene Lehrling ist, nach Ablauf der vierwöchentlichen Probezeit und nachdem der Lehrkontrakt von den Kontrahenten unterzeichnet ist, beim Vorsitzenden behufs Einschreibung in das Lehrlings-Verzeichnis anzumelden.

§ 3.

Eine Unterbrechung der Lehrzeit durch Wechseln des Lehrherrn ist nicht gestattet, und verpflichten sich alle Innungsmitglieder, ohne Einwilligung des bisherigen Lehrherrn unter keiner Bedingung einen bereits kontraktlich verpflichteten Lehrling in ihrem Geschäft aufzunehmen. Ist zum Wechseln des Lehrherrn gesetzlicher Grund vorhanden, so fällt selbstverständlich die in diesem § gemachte Verpflichtung. Im ersteren Falle jedoch ist dem Vorsitzenden des Vereins baldige Anzeige zu erstatten und ist derselbe verpflichtet, die Mitglieder davon in Kenntnis zu setzen.

§ 4.

Jedes Innungsmitglied verpflichtet sich, jeden Lehrling vor beendeter Lehrzeit eine Probearbeit ohne fremde Beihilfe fertigen zu lassen und der Innung zur Begutachtung vorzulegen. Der betreffende Lehrling erhält, sofern diese Arbeit zur Zufriedenheit ausfällt, ein Gehilfenzeugnis, vom Vorstand der Innung mit unterschrieben.

§ 5.

Die Innungsmitglieder erklären sich mit allen im Lehrkontrakt, sowie in diesem Regulativ enthaltenen Paragraphen vollständig und ohne jeden Einwand einverstanden und verpflichten sich, dieselben strengstens in Ausführung zu bringen.

Leipzig, den 3. Mai 1877.

Der Lehrkontrakt ist folgender:

Lehrkontrakt.

Zwischen Herrn
an einem und Herrn
Vater, Vormund des unmündigen

am andern Teile
ist am heutigen Tage nachstehender Lehrkontrakt vereinbart und rechtsverbindlich abgeschlossen worden:

1.

Es verpflichtet sich Herr den nach bestandener vierwöchentlicher Probezeit als Lehrling in die Lehre zu nehmen, denselben in allen bei ihm vorkommenden Arbeiten der Kürschnerei sorgfältig zu unterrichten oder unterrichten zu lassen, überhaupt sich zu bemühen, einen brauchbaren und tüchtigen Gehülfen aus ihm zu bilden. Die Probezeit wird als Lehrzeit gerechnet.

2.

Die Dauer der Lehrzeit wird auf Jahre, von an berechnet, festgesetzt.

3.

Es verpflichtet sich Herr dem Lehrling während der Dauer der Lehrzeit

zu geben mit der Bestimmung, daß .

4.

Als Lehrgeld wird die Summe von festgesetzt, zahlbar

5.

Der Lehrling ist verpflichtet, sich gegen seinen Lehrherrn und dessen Angehörige, gegen das Geschäftspersonal, sowie überhaupt gegen Jedermann stets ehrerbietig und anständig zu betragen, den Befehlen des Lehrherrn oder den von diesem Beauftragten stets pünktlichen Gehorsam zu leisten, das ihm anvertraute Werkzeug und Material wohl in Obacht zu nehmen und sorgsam zu handhaben und sich im Allgemeinen treu, fleißig und ehrlich zu verhalten.

6.

Herr verspricht, dafür besorgt zu sein, daß der Lehrling stets alle diese Pflichten erfülle, und verpflichtet sich, Herrn allen Schaden zu ersetzen, der ihm durch des Lehrlings Bosheit, Mutwillen oder grobe Fahrlässigkeit etwa verursacht werden sollte.

7.

Sollte der Lehrling ohne Einwilligung des Lehrherrn und ohne einen gesetzlichen Grund vor beendigter Lehrzeit die Lehre verlassen, so verpflichtet sich

Herr in diesem Falle eine Konventionalstrafe von
an Herrn zu bezahlen. Dieser Betrag soll vergleichsweise als Abfindungsquantum für den Schaden angesehen werden, der Herrn durch des Lehrlings Entfernung erwächst.

8.

Der Lehrling selbst gelobt durch Mitunterschrift dieses Lehrkontrakts an:

a) sich jederzeit treu, ehrlich, fleißig, gehorsam und anständig zu zeigen, den Anordnungen des Lehrherrn und der denselben vertretenden Personen unweigerlich nachzukommen,
b) die bestimmten Arbeitsstunden pünktlich einzuhalten, während dieser Zeit alle ihm aufgetragenen Arbeiten mit Fleiß und Ausdauer zu verrichten und überhaupt auf die ihm erteilten Anweisungen zu achten,
c) an Sonn- und Festtagen, wenn es der Lehrherr für nötig erachtet, pünktlich einzutreffen und das Geschäftslokal vor erhaltener Erlaubnis nicht zu verlassen,
d) alle zu seiner Kenntnis gelangenden Geschäftsangelegenheiten unbedingt geheim zu halten und
e) das Interesse seines Lehrherrn nach Kräften zu fördern, demgemäß seine Thätigkeit während der Lehrzeit zum Nutzen desselben zu verwenden, daher namentlich weder für hiesige oder auswärtige Geschäfte oder für sonst Jemand geschäftliche Aufträge auf eigene Hand auszuführen, irgend welche Materialien, Muster oder Modelle an sich zu nehmen, an sich zu behalten oder anderen Personen zu verabreichen.

Erfordern es nach dem Ermessen des Lehrherrn die Geschäftsverhältnisse, daß über die gewöhnlichen Arbeitsstunden hinaus gearbeitet werde, so hat sich der Lehrling auch in dieser vermehrten Arbeitszeit den ihm aufgetragenen Arbeiten unweigerlich und willig zu unterziehen.

9.

10.

Im Übrigen kommen, soweit nicht im Vorstehenden abweichende Bestimmungen festgesetzt sind, die gesetzlichen Vorschriften zur Anwendung.

Beiderseits Kontrahenten sind mit allen Punkten und Klauseln des gegenwärtigen

Lehrkontrakts,

über welchen sie sich allenthalben verglichen, wohl einverstanden, sichern sich deren getreuliche Festhaltung hiermit nochmals ausdrücklich zu, entsagen allen denselben entgegen zu stellenden Ausflüchten und Rechtsbehelfen und haben sich beiderseitig zugleich mit dem Lehrling unterschrieben.

am

Der Arbeitsnachweis erfolgt für Kürschner und Zurichtergehülfen hauptsächlich durch die Presse, namentlich die Kürschnerzeitung. Doch hat auch die Innung und der Verein deutscher Kürschner einen Meister beauftragt, stellesuchenden Kürschnern Arbeit nachzuweisen. Sie bestimmt darüber folgendes:

§ 19.

Als Herberge für die durchreisenden und vorschriftsmäßig legitimierten Kürschnergesellen benutzt die Innung nach einem deshalb abgeschlossenen Vertrage die hiesige Herberge „zur Heimat", deren Hausordnung auch für die daselbst verkehrenden Gesellen in Kraft tritt.

Der zugewanderte Geselle wird von der Herberge an den Arbeitsnachweis führenden Meister gewiesen; bei diesem liegt eine Liste der Namen der gesellenbedürftigen Meister aus. Als Legitimation gilt in erster Linie das Arbeitsbuch, für diejenigen jedoch, welche ein solches nicht zu führen brauchen, eine glaubwürdige Bescheinigung, daß der Betreffende das Kürschnergewerbe ordnungsmäßig erlernt, oder wenigstens als Kürschnergeselle anderwärts schon in Arbeit gestanden hat.

§ 18.

Der Arbeitsnachweis führende Meister hat die Legitimationen der Gesellen zu prüfen und den Arbeitsnachweis für diese zu führen.

Ferner besitzen die Kürschnergehilfen eine Arbeitsnachweisanstalt im Ring in der Nikolaistraße, während die Zurichtergehilfen in einem der Vororte Leipzigs, in ihrem Verbandslokale, eine ebensolche Einrichtung getroffen haben.

Naturgemäß übt Leipzig als Zentralpunkt des gesamten Rauchwarenhandels und als Mittelpunkt der Rauchwarenindustrie eine gewaltige Anziehungskraft auf alle diesen Erwerbszweigen Angehörenden aus. Es ist zum Arbeitsmarkt der Rauchwarenbranche für die ganze Welt geworden. Und zwar wird größtenteils die Meßzeit, in welcher sich viele auswärtige Großhändler hier aufhalten, zum Engagement der verfügbaren Arbeitskräfte benutzt. Während der Saison verlassen viele Gehilfen Leipzig und treten in allen Orten des In- und Auslandes Stellungen an, welche sie nach Schluß der Saison wieder verlassen, um nach Leipzig zurückzukehren, wo sie in Markranstädt oder anderen in der Umgebung Leipzigs liegenden Ortschaften vielfach als Nebenarbeiter beschäftigt werden.

Zum Schluß sei die Werkstatt-Ordnung der neuen Kürschner-Innung zu Leipzig erwähnt:

§ 1.

Jeder Arbeitnehmer, der um Arbeit nachsucht, soll den Entlassungsschein des letzten Arbeitgebers vorlegen.

§ 2.

Jeder angenommene Arbeiter hat sich binnen 8 Tagen einer Krankenkasse anzuschließen, und hiervon spätestens 14 Tage nach Beginn des Arbeitsverhältnisses dem Arbeitgeber schriftliche Anzeige zu machen, da eine Unterstützung im Erkrankungsfalle nicht gewährt wird.

§ 3.

Ferner ist der Arbeiter verpflichtet, eigenes Handwerkszeug zu haben, als: Messer, Schere, Kamm, Zange und Metermaß. Sein Arbeitsplatz soll von ihm selbst in bester Ordnung gehalten werden, sowie Stücken und Abfälle in die dafür bestimmten Kästen, Körbe oder Säcke gethan werden. Ebenso ist mit Feuer und Licht ganz besonders vorsichtig umzugehen.

§ 4.

Lehrlinge sollen nicht zu privaten, sondern nur zu geschäftlichen Leistungen von dem Arbeitgeber herangezogen werden.

§ 5.

Die Arbeitszeit wird nach Stunden berechnet und nach Vereinbarung bezahlt. Pünktliches Anfangen bei der Arbeit wird verlangt.

§ 6.

Beim Klopfen ist zum Frühstück und Vesper je $^1/_2$ Stunde gestattet.

§ 7.

Zur Arbeitskündigung ist weder Arbeitgeber noch Arbeitnehmer verpflichtet. Besuche während der Arbeitszeit sind nicht zulässig.

§ 8.

Unentschuldigtes Wegbleiben von der Arbeit ist nicht erlaubt und kann im Wiederholungsfalle sofortige Entlassung stattfinden.

§ 9.

Rauchen während der Arbeit ist verboten.

Diese Werkstattordnung ist von der Generalversammlung vom 21. Februar 1881 einstimmig angenommen worden.

X. Innung. Verbände.

a. Innung.

Der in Leipzig bestehenden Innung wurde im Jahre 1877 infolge der zu hohen Aufnahmegebühren und des geringen Entgegenkommens der alten Innung den Neuaufzunehmenden gegenüber eine zweite hinzugefügt, welche sich jedoch auf Grund der ungünstigen geschäftlichen Verhältnisse, unter denen das Kürschnerhandwerk zu leiden hatte, durch Beschluß vom 3. Juli 1884 wieder mit der alten vereinigte.

Die Innung führt den Namen:

„Kürschner-Innung zu Leipzig."

Ihr Sitz ist die Stadt Leipzig. Ihr räumliches Gebiet umfaßt die Stadt Leipzig.

Aufgaben der Innung sind laut Statuten:

a. die Pflege des Gemeingeistes, sowie die Aufrechterhaltung und Stärkung der Standesehre unter den Mitgliedern;

b. die Förderung eines gedeihlichen Verhältnisses zwischen Meistern und Gesellen, sowie die Fürsorge für das Herbergswesen der Gesellen und für Nachweisung von Gesellenarbeit;

c. die Regelung des Lehrlingswesens und die Fürsorge für die technische, gewerbliche und sittliche Ausbildung der Lehrlinge;

d. die Unterstützung von Anstalten, welche der Ausbildung der Gesellen und Lehrlinge förderlich sind;

e. die Unterstützung der Innungsmitglieder, ihrer Angehörigen, ihrer Gesellen und Lehrlinge in Fällen der Krankheit, des Todes, der Arbeitsunfähigkeit oder sonstiger Bedürftigkeit, durch deshalb zu errichtende Kassen.

Zum Eintritt in die Innung ist jeder Großjährige berechtigt, welcher:

a. Das Gewerbe innerhalb des Innungsgebietes selbständig betreibt,

b. sich im Besitze der bürgerlichen Ehrenrechte befindet,

c. in der Verfügung über sein Vermögen in Folge gerichtlicher Anordnung nicht beschränkt ist,

d. die ordnungsmäßige Erlernung des Kürschnergewerbes und eine Arbeitszeit von mindestens drei Jahren als Geselle in diesem Gewerbe nachweist,
e. das auf zehn Mark festgesetzte Eintrittsgeld bezahlt, und
f. das Statut unterschreibt.

Im Fall einer Auflösung oder Schließung der Innung sind vorher alle etwa vorhandenen Schulden zu decken und fällt der verbleibende Rest des Vermögens der Stadtgemeinde Leipzig mit der Bestimmung zu, daß derselbe zur Förderung des Lehrlingswesens im Kürschnergewerbe verwendet werde.

An Legaten und Vermächtnissen besitzt die Kürschner-Innung zu Leipzig:

I. Das Palmsche Legat.

6000 Mk. in Wertpapieren. Die Zinsen werden mit je 75 Mk. an Meisterskinder verteilt.

II. Das Beyersche Legat.

900 Mark Hypothek auf dem Hause Brühl 38. Die Zinsen werden am 16. Februar an 3 Kürschnerwitwen verteilt.

III. Das Elias Jungsche Legat.

540 Mk. Hypothek auf dem Hause Brühl 38. Von den Zinsen bekommen die Alumnen der Thomasschule 21 Mk., den Rest die Innungskasse.

IV. Die Heinrich Blum-Stiftung.

10000 Mk. in Wertpapieren. Die Zinsen sind zu Aufnahmegeldern in das Johannisstift für würdige, bedürftige Personen zu verwenden. Kürschner und Angehörige von Kürschnern sollen vorzugsweise Berücksichtigung finden.
(Wird vom Rat der Stadt Leipzig verwaltet.)

V. Das Buhlsche Legat.

1027 Mk. Hypothek auf dem Hause Brühl 22. Die Zinsen werden am 27. Oktober an 5 würdige und bedürftige Kürschner-Witwen vertheilt.
(Wird vom Rat der Stadt Leipzig verwaltet.)

b. Der Verein deutscher Kürschner.

Im Anfang der achtziger Jahre bildete sich auf Anregung von Leipzig aus der „Verband deutscher Kürschner" mit dem Obermeister der hiesigen Kürschner-Innung als Vorsteher. Nach den Satzungen ist der Zweck des Vereins, die gemeinsamen Interessen des deutschen Kürschnergewerbes und seiner Angehörigen zu wahren und zu fördern. Es galt, sich von dem dominierenden Einfluß, den Paris auf die Mode in feinen Pelzartikeln in Europa und Nordamerika ausübte, unabhängig zu machen und geschlossen der überhandnehmenden Konkurrenz, namentlich derjenigen Berlins, entgegenzutreten. Jedes Jahr zur Zeit der Messe veranstaltet der Verband eine Ausstellung von Pelzen. Letztere werden von einer Jury geprüft, die besten Artikel werden ausgewählt, prämiiert und bilden die Mode für die nächste Wintersaison. Außerdem findet eine Ausstellung aller in die Kürschnerbranche fallenden Gegenstände statt, wie Seide und sonstige Futterstoffe bis herab zu den Kartonagen für die Verpackung und Aufbewahrung, um die Kürschner über die zweckmäßigsten Bezugsquellen zu orientieren. Die Resultate der Ausstellungen werden den Mitgliedern gegen Zahlung eines Betrages von jährlich 3 Mk. in Schrift und Bild mitgeteilt.

Die ordentlichen Generalversammlungen sowohl, wie die Wahl von Neuheiten finden alle Jahre in der ersten Woche der Ostermesse in Leipzig statt.

In den nächsten Tagen nach der regelmäßigen Generalversammlung findet die Ausstellung der von der Prüfungskommission gewählten Neuheiten, sowie die der übrigen zu der Neuheitenwahl eingelieferten Muster und Modelle statt. Zu dieser Ausstellung haben die Mitglieder freien Zutritt, Fremde gegen Erlegung des vom Vorstande festgesetzten Eintrittspreises.

Die Geschäftsordnung für die Wahlen der Neuheiten des „Vereins deutscher Kürschner“ ist folgende:

§ 1.

Die Neuheiten-Wahlen finden nach den geltenden Vereinsbeschlüssen einmal im Jahre und zwar in Verbindung mit der ordentlichen Generalversammlung des Vereins in der Leipziger Frühjahrsmesse statt.

Tag, Stunde und Lokalität sind der Anordnung des Vereinsvorstandes überlassen, der seine bezüglichen Bestimmungen mindestens 4 Wochen vor der Neuheitenwahl den Vereinsmitgliedern durch das Vereinsorgan „Kürschner-Zeitung“ bekannt zu geben und gleichzeitig auch die äußerste Frist zu bestimmen hat, zu welcher die für die Neuheitenwahl bestimmten Musterstücke an einen von dem Vereinsvorstande zu bezeichnenden Vertrauensmann zu senden sind.

§ 2.

Zu den Neuheiten-Wahlen sind alle Arten von Kürschnerarbeiten zulässig, welche einem Wechsel der Mode unterworfen sind.

§ 3.

Zur Lieferung von Musterstücken erwählt jede ordentliche Generalversammlung eine Lieferungskommission, aus 15 Mitgliedern bestehend. Außer letzteren haben aber auch alle übrigen Vereinsmitglieder, mit der später in § 7 dieser Geschäftsordnung erwähnten Ausnahme, die Berechtigung, sich durch freiwillige Einsendung von Musterstücken in nicht beschränkter Anzahl an den Neuheiten-Wahlen zu beteiligen.

§ 4.

Die eingesandten Musterstücke dürfen kein Merkmal an sich tragen, welches nur im Geringsten auf ihren Einsender schließen läßt.

In einem jeder Mustersendung beizufügenden Begleitbriefe sind Name und Adresse des Einsenders genau anzugeben.

§ 5.

Der nach § 1 vom Vereinsvorstande designierte Vertrauensmann übergiebt nach Ablauf der zur Einsendung der Musterstücke an seine Adresse bestimmten

Frist sämtliche eingegangenen Colli und dazu gehörigen Skripturen einer aus 3 Mitgliedern, die der Vereinsvorstand zu bestimmen hat, bestehenden Kommission, welche die Auspackung der eingegangenen Musterstücke und ihre für die Neuheiten-Wahl erforderliche Aufstellung und Numerierung zu besorgen hat. Findet diese Kommission dabei, daß von einem Einsender gegen die in § 4 vorgesehenen Bestimmungen gehandelt ist, so hat dieselbe dessen betreffende Musterstücke zurückzustellen, während die der anderen Einsender mit einer laufenden Nummer zu versehen und auf jedes Begleitschreiben diejenigen dieser laufenden Nummern zu bemerken sind, in welchen die darin bezeichneten Musterstücke korrespondieren.

Musterstücke, welche später als zu der vom Vorstande bestimmten äußersten Frist bei dem Vertrauensmann einlaufen, bleiben von der Neuheiten-Wahl ausgeschlossen.

§ 6.

In einem von der Auspackungskommission bezüglich ihrer Arbeiten aufgenommenen Protokoll sind von ihr hauptsächlich anzugeben:

1. die Zahl der eingegangenen Colli;
2. die Namen der betreffenden Einsender;
3. die laufenden Nummern, welche deren Musterstücke erhalten haben;
4. die Namen der Einsender, deren Mustersendungen von der Kommission aus dem im § 5 angegebenen Grunde zurückgestellt worden sind, um von der Wahl ausgeschlossen zu bleiben.

Das Protokoll und sämtliche zu den eingegangenen Mustersendungen gehörigen Skripturen übergiebt der Vorsitzende der Auspackkommission in einem versiegelten Packet mit den zur Neuheiten-Wahl von letzterer Kommission fertiggestellten Musterstücken, dem bei der Neuheiten-Wahl als Stellvertreter des Vorstandes mitanwesenden Schriftführer des Vereins.

§ 7.

Die Neuheiten-Wahl selbst geschieht durch eine von jeder regelmäßigen Generalversammlung gewählte und aus 9 wirklichen Mitgliedern bestehende Prüfungs-Kommission, welche durch Annahme ihres Mandats verpflichtet ist, zu dem für die Wahl bestimmten Termin sich an Ort und Stelle derselben pünktlich einzufinden.

Für jedes behinderte Mitglied der Prüfungskommission tritt einer der mit zur Stelle zu sein habenden, ebenfalls von jeder regelmäßigen Generalversammlung zu wählenden 3 Ersatzmänner ein, und entscheidet betreffs Zuziehung eines Ersatzmannes die mit seinen anwesenden Kollegen vorgenommene Wahl oder Verlosung.

Sowohl die wirklichen Mitglieder der Prüfungskommission wie deren Ersatzmänner sind von der Lieferung von Musterstücken ausgeschlossen.

§ 8.

Nachdem die Prüfungskommission sich aus den anwesenden wirklichen Mitgliedern resp. Ersatzmännern konstituiert und einen Vorsitzenden gewählt hat, wird von derselben die Wahl vorgenommen, die auf eine gewisse Anzahl von Musterstücken nicht beschränkt ist.

Der Prüfungskommission liegt es ob, zu berücksichtigen, ob an den ihr zur Wahl vorliegenden Musterstücken auch die im § 4 getroffenen Bestimmungen erfüllt worden sind. Ist solches nicht der Fall, so sind die betreffenden Musterstücke nicht wahlfähig.

§ 9.

Ist, wie § 8 vorschreibt, ein bestimmtes Resultat durch einfachen Majoritätsbeschluß erzielt, so öffnet der Schriftführer des Vereins das ihm von dem Vorsitzenden der Auspackungskommission übergebene Packet, welches die in § 6 angegebenen Schriftstücke enthält, und ermittelt aus denselben den Verfertiger der gewählten Musterstücke.

§ 10.

In einem von dem Schriftführer des Vereins aufzunehmenden und von den Mitgliedern der Prüfungskommission zu unterzeichnenden Protokoll ist das erzielte Resultat der Neuheiten-Wahl und das der übrigen Arbeiten der Kommission niederzulegen.

§ 11.

Nach stattgefundener Wahl findet eine Ausstellung der gewählten Gegenstände, sowie aller zu ihrer Wahl eingesandten Musterstücke statt.

Die Besichtigung der Ausstellung ist für die Vereinsmitglieder frei, Nichtmitglieder erhalten Zutritt gegen ein vom Vereinsvorstande jedesmal zu bestimmendes billiges Eintrittsgeld.

§ 12.

Nach Schluß der in § 11 erwähnten Ausstellung erfolgt durch die Auspackungskommission die Retoursendung sämtlicher nicht gewählten Musterstücke an deren betreffende Einsender.

Die gewählten Musterstücke übernimmt der Vereinsvorstand, um dieselben auf Vereinskosten durch Lichtdruck oder sonst wie abbilden zu lassen, und erhält jedes Vereinsmitglied ein Exemplar auf Vereinskosten vom Vorstande geliefert.

Nach erfolgter Abbildung der gewählten Modenstücke hat letzterer dieselben sofort den betreffenden Einsendern zuzuschicken.

§ 13.

Die Protokolle der Auspackungs- und Prüfungskommission sind nach jeder stattgehabten Neuheiten-Wahl dem Vereinsarchiv einzuverleiben.

An Nebeneinrichtungen besitzt der Verein zur Zeit zu Gunsten seiner Mitglieder:

a. Feuerversicherung. Laut Beschluß der Ostermesse 1891.

Die Commercial-Union erkennt:

1. sämtliche bei den Mitgliedern vorhandenen Policen und Prämiensätze von vornherein an.

2. Jede Gebühr für Policen, Prolongationen, Nachträge fällt fort mit Ausnahme der etwaigen Portoauslagen und der in einzelnen Ländern vom Staate zu erhebenden Genehmigungsgebühren und der eventuellen Staatsstempel.

3. Die Gesellschaft gewährt 10 % Rabatt von der bewilligten niedrigsten Prämie, welche von jeder Prämienzahlung sofort in Abzug gebracht wird.

4. Die Gesellschaft vergütet ferner auf den von einer jedesmaligen dreijährigen Geschäftsperiode erzielten Reingewinn 15 %, der nach Beschluß des Vorstandes Verwendung finden soll.

5. Die Regulierung der Brandschäden erfolgt auf Wunsch unter Mitwirkung des Vorstandes des Vereins resp. eines Beauftragten desselben mit beratender Stimme.

6. Für 2–4 Jahre 4 % jährl. Skonto vom 2. Jahre an.

Für	5 Jahre	1 Freijahr		das 5.		
„	6 „	1 „	—	„ 6.	und	4 % Rabatt.
„	7 „	1 „	—	„ 7.	„	10 % „
„	8 „	1 „	—	„ 8.	„	12½ % „
„	9 „	1 „	—	„ 9.	„	15 % „
„	10 „	2 Freijahre	—	„ 9.	„	10. und 10 % Rabatt.

Rabatt von der 8jährigen Prämie.

b. Lebensversicherung. Laut Beschluß der Ostermesse 1893.

Die „The Mutual-Lebensversicherungsgesellschaft“ von New-York resp. deren Direktoren als Vertreter gewähren den Mitgliedern des „Vereins deutscher Kürschner“ (V. D. K.) bei Lebensversicherung mit mindestens 10jährigen und längeren Prämienzahlungen resp. gleichen Gewinn-Verteilungs-Perioden, einen Nachlaß auf die erste Jahresprämie von

A. 40 % (vierzig Prozent),

B. 55 % (fünfundfünfzig Prozent), wenn die Gesamtversicherungssumme bis zum 31. Dezember 1893 den Betrag von 1000000 Mk. und mehr erreicht.

Dieser Nachlaß wird von der ersten Jahresprämie bei $^{1}/_{1}$jährlicher Zahlung ganz, bei $^{1}/_{2}$jährlicher Zahlung in 2 Raten und bei $^{1}/_{4}$jährlicher Zahlung erst in 4 Raten verrechnet.

Der angeführte Nachlaß wird ebenso bei Lebensversicherungen der Frauen und minderjährigen Kinder der Vereinsmitglieder gewährt. Bei Kinderausstattungen nach Art. III von 10- und 15jähriger Dauer wird ein Nachlaß von 30 %, bei solchen von 20jähriger Dauer ein Nachlaß von 35 % der ersten Jahresprämie gewährt, dagegen kann auf die Kinderausstattungen nach Art. I und II kein Nachlaß gewährt werden.

Die Untersuchung durch den Arzt erfolgt kostenlos, ebenso die Ausfertigung der Policen. Nur etwaige gesetzliche Stempelkosten sind von den Versicherten zu tragen. Im Übrigen erfolgt die Aufnahme nach den Regeln und Statuten der „The Mutual-Lebens-Versicherungs-Gesellschaft“ von New-York.

Die Prämien sind seitens der Versicherten direkt und frankiert an die Subdirektion der „The Mutual“ in Krefeld, z. H. des Herrn August v. Scheven, ohne Vermittelung eines Agenten abzuführen.

Ebenso sind die Versicherungsanträge direkt ohne Vermittelung eines Agenten an den zeitigen 2. Vorsitzenden des „V. D. K.“ zu richten, welcher dieselben der vorgenannten Stelle zur weiteren Veranlassung übergiebt.

Andere Anträge von Mitgliedern des „V. D. K.“ sind zu keinerlei Rabatt berechtigt.

c. Verkaufsstelle. Eröffnet am 1. Januar 1894.

Geschäftsordnung.

§ 1. Der „Verein Deutscher Kürschner" bezweckt, durch eine Verkaufsstelle in Leipzig seinen Mitgliedern Gelegenheit zu geben, Wildwaren, Schweife, Stücke und sonstige Waren direkt auf dem Leipziger Markte anzubieten und zu verkaufen.

§ 2. Das kontrollierende Organ für diese Verkaufsstelle ist der Vereinsvorstand, welcher eines seiner in Leipzig wohnhaften Mitglieder mit dieser speziellen Aufgabe betraut.

§ 3. Der Verein ernennt durch seinen Vorstand einen Generalvertreter für die Leitung der Verkäufe und schließt mit demselben einen Vertrag im Rahmen dieser Geschäftsordnung.

§ 4. Der Verein ist Inhaber des Lokales, in dem die eingesandten zum Verkauf bestimmten Waren ausgepackt und vorgelegt werden sollen; die Waren werden dem Verein zugesandt, während der Generalvertreter nur den Verkauf derselben zu vermitteln hat. Der von dem Verein angestellte Vertreter hat dem Vereins-Vorstand zu Händen seines bestellten Mitgliedes am Schlusse jeder Woche einen Bericht über die Eingänge und über die Ausgänge abzustatten.

§ 5. Alle Sendungen müssen frachtfrei an die Verkaufsstelle des „Vereins Deutscher Kürschner" zu Händen des Generalvertreters in Leipzig abgehen.

§ 6. Sobald ein Posten eingetroffen ist, wird der Absender desselben durch den Generalvertreter von dem Gewichte, der Stückzahl, sowie der Beschaffenheit der Ware in Kenntnis gesetzt. Gleichzeitig erfolgt eine weitere Angabe über die derzeit etwa zu erzielenden Preise. Auf diese Mitteilungen der Zentralstelle sind dann seitens der Einsender der zum Verkauf bestimmten Waren eine Mindest- und eine Höchstforderung anzugeben.

§ 7. Der Generalvertreter hat sich dann mit den verschiedenen Reflektanten, insbesondere mit den Abnehmern großer Posten in Verbindung zu setzen und ist gehalten, nur dem Höchstbietenden die Ware abzugeben. Die vorliegenden Angebote sind zu notieren und dem kontrollierenden Mitgliede des Vorstandes vom V. D. K. in den Wochenberichten vorzulegen.

§ 8. Für den Fall, daß für einzelne Posten ein freihändiger Verkauf bis zum Schlusse der ersten (Engros) Woche der Leipziger Ostermesse nicht stattgefunden haben sollte, wird in den Verkaufsräumen selbst eine Auktion der nach Losen geordneten Waren veranstaltet, so zwar, daß für jeden Eigentümer die Ware abgesondert bleibt und daß der Auktionator an das Limitum der Einsender gebunden ist. Erreichen die Gebote nicht die angesetzten Limiten, so wird die Ware zurückgezogen.

Nach Verlauf der Auktion erfolgt wieder ein Bericht an die Eigentümer und die Ware wird dann in den letzten Meßwochen, resp. nach der Messe wieder freihändig zu verkaufen gesucht.

§ 9. Die Verkaufsstelle ist nicht befugt, Kredite zu gewähren, sondern alle Verkäufe geschehen gegen Barzahlung bei Ablieferung der Waren.

§ 10. Die Einnahmen werden, falls sie den Betrag von 1000 Mk. übersteigen, einem vom Vereins-Vorstande zu bestellenden Bankhause in Leipzig auf Cheque-Conto eingezahlt. Die Auszahlungen erfolgen je nach Wunsch der Verkäufer durch Postanweisung oder durch Cheques. — Die Verkäufer können sofort nach Ordnung der Buchungen den Betrag erheben. Eine Frist von 24 Stunden (Fest- und Sonntags ausgeschlossen) wird zur Kollationierung der betreffenden Ein- und Ausgänge verlangt.

§ 11. Der „Verein Deutscher Kürschner" übernimmt die Versicherung der Ware gegen Feuersgefahr.

§ 12. Reklamationen bezüglich Zahl und Gewicht der eingelieferten Waren, sowie die Angaben der Verkaufslimiten haben längstens in 10 Tagen nach Eingang der Empfangsbestätigung (§ 6) zu erfolgen. Sendungen, bei denen Differenzen sich herausgestellt haben, kommen bis zur Aufklärung nicht zum Verkauf.

§ 13. Die Spesen werden durch die Verkaufsstelle genau nach Verhältnis der aufgewandten Mühen und Auslagen berechnet; sie betragen mindestens 1 und höchstens 5 Prozent der erzielten Summe. In diesem Spesensatze sind die für Korrespondenzen, Drucksachen, Inserate, Auktion u. s. w. entstehenden Kosten sämtlich einbegriffen. Bei dem einfachen freihändigen Verkauf kommen die niedrigsten Provisionssätze zur Anwendung.

Der Leiter der Verkaufsstelle ist seitens des „Vereins Deutscher Kürschner" ausdrücklich verpflichtet worden, die besten Interessen der Einsender zu wahren und in Gemeinschaft mit dem kontrollierenden Mitgliede des Vorstandes die Kostenrechnungen aufzustellen, damit einerseits den Mitgliedern der höchste Verkaufspreis erzielt wird, und andererseits die Spesen auf das möglichst niedrigste Maß beschränkt werden. Dem Generalvertreter ist es durchaus nicht gestattet, Meldungen über die gemachten Geschäfte an Dritte gelangen zu lassen.

§ 15. Der Erfüllungsort für sämtliche Rechtsgeschäfte der Verkaufsstelle des „Vereins Deutscher Kürschner" ist Leipzig.

Als Vereinsorgan gilt ausschließlich die im Selbstverlage und unter Redaktion von Alexander Duncker in Leipzig herausgegebene „Kürschner-Zeitung".

Dieselbe bringt sämtliche Erlasse des Vereins, des Vorstandes und der Kommissionen.

Wie sehr der Verein den Wünschen der Kürschner entgegengekommen ist, beweist der Geschäftsbericht des Vorstandes vom 3. April 1894. Die Zahl der Mitglieder betrug am Schluß des Jahres 1893 — 511. Im Laufe des Jahres waren 76 Mitglieder hinzu- und 29 ausgetreten, so daß der Verein am 3. April 1894 den stattlichen Bestand von 558 Mitgliedern hatte. Die Vereinskorrespondenz bezifferte sich auf 225 Ausgänge gegen 135 im Vorjahre. In dem an das Ministerium des Innern erstatteten Berichte der Leipziger Gewerbekammer wurde die Thätigkeit des Vereins besonders anerkannt und hervorgehoben. Der vom Verein eingerichtete Arbeitsnachweis wurde einem hiesigen Kürschnermeister überwiesen; ist jedoch bis heute nicht in dem Maße, wie man wohl erwartete, benutzt worden. Die Ausstellung war sehr reichhaltig mit 225 Gegenständen beschickt. Der Vertrieb der Modenbilder des Vereins stieg im Jahre 1893 auf 50000. Bei der Feuerversicherung „Commercial-Union" wurden in demselben Jahre 33 Versicherungen abgeschlossen. Die Summe aller von Vereinsangehörigen abgeschlossenen Versicherungen erreicht eine Höhe von nahezu 3 Millionen Mark. Weniger benutzt wurde die Lebensversicherung. Doch wurden beträchtliche Abschlüsse als nahe bevorstehend in Aussicht gestellt. Dagegen hatte die Verkaufsstelle des Vereins mit Schwierigkeiten zu kämpfen und ging im folgenden Jahre ein.

Über die am 14. April 1896 zur Ostermesse in Leipzig abgehaltene General-Versammlung schreibt die „Kürschner-Zeitung“ vom 19. April 1896 folgendes:

Der V. D. K. ist fortschreitend gewachsen, die Mitgliederzahl ist proportional gestiegen, die Zunahme betrug im verflossenen Geschäftsjahre 44 neue, durch Austritt und Tod sind ausgeschieden 27, so daß der Stand 586 Mitglieder am 31. März verbleibt, wozu schon wieder neue Anmeldungen vorliegen, so daß erfreulicher Weise aus kleinsten Anfängen eine andauernde Entwickelung unseres Vereins festzustellen ist. Die vorige Neuheiten-Ausstellung ist allseitig befriedigend verlaufen, sowohl in geschäftlichen Erfolgen, wie auch in allgemein belehrenden Anregungen.

Die Herstellung der Modebilder, die technische, koloristische Ausführung und die Anordnung der Gegenstände hat keinerlei Veranlassung zu Ausstellungen gegeben und ebenso hat der Versandt keine einzige Beschwerde gebracht. Die Anzahl der Bilder muß später erhöht werden, weil die letzte Auflage nicht ausreichte, so daß auch die Ausgabe hierfür etwas höher werden muß.

Die Reklamebilder haben jedenfalls durch gute Nachwirkung immer größeren Umsatz erzielt, sodaß mehr und mehr die praktische Verwendung anerkannt werden muß, das beweist auch der Verbrauch, der von anfänglich 30000 auf 77000 Stücke gestiegen ist.

Die Kassenverhältnisse sind wohlgeordnet und bestätigen die erfreuliche Entwickelung des Vereins.

Die Aktiengesellschaft „Fides“ versichert gegen Einbruch-Diebstahlschäden und offeriert ermäßigte Prämien, wenn der Verein korporative Beteiligung beschließt; aber es dürfte die Einzelversicherung nach Bedürfnis zu empfehlen sein.

Der Verein „Haftpflichtversicherung“ empfiehlt sich ebenfalls zur Schadenversicherung bei sehr geringer Prämie. Auch diese Einrichtung dürfte mehr im Einzelnen zur Inanspruchnahme geeignet sein.

Erfreulicherweise hat der Vorstand mehrfache Erfolge durch seine Vermittelung erzielt bei geschäftlichen Differenzen zwischen Vereinsmitgliedern und ihren Kunden. Mit fachtechnischen Beurteilungen und Wertschätzungen etc. sind mancherlei Streitigkeiten geschlichtet worden.

Auf vielfache Anfragen, welches Verhalten am geeignetsten sei gegenüber solchen Konfektions- und Manufakturgeschäften, welche direkt Kürschnerspezialartikel und Maßlieferungen öffentlich anpreisen, konnte nur empfohlen werden, nach Umständen und Lokal-Verhältnissen die Wahrung der Kürschnerinteressen zu fördern.

Die Einsendungen zur diesjährigen Neuheiten-Ausstellung sind so reichhaltig und die Nebenausstellungen so zahlreich, daß eine teilweise Beschränkung und Zurückweisung erfolgen mußte, weil die Austellungsräume nicht mehr Platz bieten und nicht vergrößert werden können.

Die Rechnungsablage für das Geschäftsjahr 1895/96 war folgende:

Einnahmen:

580	Mitgliederbeiträge à 3 Mk. .	Mk. 1740.—.
35	Eintrittsgelder à 3 Mk. .	„ 105.—.
357	Eintrittskarten à 50 Pfg. .	„ 178.50.
	Zinsen 31./12. 1895 .	„ 80.27.
40	Modebilder-Verkauf . . .	„ 160.—.
		Mk. 2263.77.

Ausgaben:

Drucksachen	Mk. 96.50.
Ausstellung	„ 149.30.
Modebilder	„ 1046.—.
Portis	„ 68.47.
Diverses	„ 140.91.
	Mk. 1736.23. [1]
Vermögensbestand am 1. 4. 1895 .	Mk. 2340.69.
Einnahmen bis 31. 3. 1896 . .	„ 2263.77.
Stiftungsfest	„ 235.05.
	Mk. 4604.46. [1]
Ausgaben bis 31. 3 1896 . .	„ 1736.23.
Vermögensbestand am 1. 4. 1896 .	Mk. 2868.23.

An Versicherungen wurden neu abgeschlossen:

24 Versicherungen mit V. Sa. . . .	Mk. 630 910,	Prämie Mk. 910,55.
10 Versicherungen wurden prolongiert mit	„ 678 810,	„ „ 729,75.
38 Prämien-Quittungen wurden ausgeschrieben mit	„ 1903351,	„ „ 1499,65.
V. Sa.	Mk. 3213071,	Prämie Mk. 3139,95.

Die gesamte Versicherungssumme stieg auf Mk. 8000000.

Der regen Thätigkeit des Vereins ist es wesentlich zuzuschreiben, daß die Konkurrenz von Berlin und Paris nicht das ganze Geschäft an sich zog.

c. Der Kaufmännische Verein der Hut- und Kürschnerbranche

wurde gegründet am 1. April 1883. Er hat sein Zentral-Bureau in Berlin. Der Zweck des Vereins ist, wie § 1 der Statuten besagt, einzig

[1] Die Art und Weise der Ausrechnung dieser dem Geschäftsbericht der Kürschner-Zeitung entnommenen Zahlen ist dem Verf. unklar.

und allein die Unterstützung seiner Mitglieder, sei es 1) durch Stellenvermittlung, 2) durch Unterstützung bei Krankheitsfällen, 3) durch Unterstützung bei Stellenlosigkeit, 4) durch Gewährung von Darlehen und schließlich durch Gewährung von Rechtsschutz.

An Krankenunterstützung wurden im abgelaufenen Geschäftsjahr Mk. 205.55, an Unterstützung bei Stellenlosigkeit Mk. 61 verausgabt. Die Zahl der Mitglieder beträgt 148.[1])

Außer den eben erwähnten Verbänden existieren noch 2 Arbeitnehmer-Verbände; der Zurichter-Verband in Schkeuditz und der Kürschnergehilfenverband in Hamburg. Leider war es mir nicht möglich, genauere Mitteilungen über die Thätigkeit derselben zu erlangen.

[1]) Kürschner-Zeitung vom 17. Mai 1896.

XI. Ergebnis.

Während im ersten Abschnitt des historischen Teiles, in der „Einleitung“, eine kurze Darstellung der geschichtlichen Entwickelung des Gewerbes gegeben ist, will der letzte Abschnitt, das „Ergebnis“, ein kurz zusammenfassendes Urteil über die Lebensfähigkeit des Handwerks geben. Ist das Leipziger Kürschner-Handwerk lebensfähig? so lautet die Frage; und wir können dieselbe mit gutem Gewissen mit Ja beantworten. Zeigt auch das Gewerbe die Tendenz, sich mehr und mehr zum Großbetrieb zu entwickeln, und hat es auch die ersten Stadien des Produktionsprozesses verloren, so läßt sich doch heute schon sagen, daß die Leipziger Kürschner voraussichtlich im stande sein werden, ihre Stellung zu behaupten. Sie haben vorläufig den gefährlichsten Teil des Entwickelungsstadiums, die Abspaltung der ersten Produktionsstadien, die Aufnahme von Kürschnerarbeiten durch die Konfektion und den Verlust der Mützenmacherei, welchem Stadium allerdings die Selbständigkeit vieler zum Opfer gefallen ist, hinter sich, und zwar ohne dadurch in merkbarer Weise an Lebenskraft eingebüßt zu haben. Haben sie doch einen großen Teil der an die Konfektionäre verloren gegangenen Kundschaft zurückerobert. Andererseits trägt natürlich die Anpassungsfähigkeit, welche ihnen die Konkurrenz mit den stärkeren Gegnern ermöglicht, viel dazu bei, sie immer weiter aus dem Rahmen des eigentlichen Handwerks heraustreten und sie immer mehr als Händler und Manufakturisten erscheinen zu lassen, so daß uns in dem heutigen Leipziger Kürschner-Gewerbe Handwerk, Handel und Manufaktursystem bunt durcheinandergemischt entgegentreten. Es ist also folgende Modifikation eingetreten: Handel und Manufaktursystem sind als gleichwertige Faktoren neben das Handwerk getreten, ohne jedoch im stande zu sein, demselben den Boden völlig zu entreißen.

Lebenslauf.

Geboren wurde ich am 28. August 1865 in Wölfershausen, Kreis Hersfeld, Regierungsbezirk Kassel, als Sohn des Lehrers Konrad Heiderich. Den ersten Elementarunterricht erhielt ich an der damaligen höheren Bürgerschule zu Kassel, besuchte sodann die Gymnasien zu Kassel, Heiligenstadt (Eichsfeld) und Mühlhausen i./Th. und nachher die Universitäten Berlin, Heidelberg, Rostock und die technische Hochschule zu München, um Chemie zu studieren.

In Rostock hörte ich neben den naturwissenschaftlichen Vorlesungen die volkswirtschaftlichen des Herrn Prof. Stieda, welche mein Interesse derart in Anspruch nahmen, daß ich mich ganz dem Studium der Volkswirtschaftslehre zu widmen beschloß. Ich nahm in Rostock an den volkswirtschaftlichen Übungen des Herrn Prof. Stieda teil und hörte bei demselben allgemeine Volkswirtschaftslehre, theoretische sowohl wie praktische, Finanzwissenschaft und Sozialpolitik. Nach Leipzig übergesiedelt, besuchte ich die Seminarien der Professoren Bücher, Fricker und Hasse und hörte deren Vorlesungen, sowie diejenigen der Professoren v. Miaskowski, Rieker, Triepel, Friedberg und Conrady.

Von Oktober bis Anfang Februar war ich wissenschaftlicher Hilfsarbeiter an der Handelskammer zu Konstanz und ging dann nach Heidelberg, um das Doktor-Examen zu machen. Dort hörte ich in der zweiten Hälfte des W.-S. 1896/97 die Professoren Leser und Jellinek.

Zum Schlusse ist es mir eine angenehme Pflicht, allen meinen Lehrern für die reiche Anregung, welche mir in ihren Vorlesungen und Seminarien zu teil wurde, meinen herzlichsten Dank auszusprechen.